Gerhard Fuchs (Hrsg.)

Papst Benedikt XVI. in Deutschland

Bayerischer Rundfunk

Weltbild

Vorwort

Prof. Dr. Gerhard Fuchs, Fernsehdirektor des Bayerischen Rundfunks und Herausgeber dieses Buches

Papst Benedikt XVI. besucht seine bayerische Heimat! Als der Vatikan dies vor Monaten ankündigte, brachen sich nicht nur bei den Katholiken im Freistaat Freude und auch Aufregung über das bevorstehende große Ereignis Bahn. Bald schon würde der Papst jene Stätten und auch jene Menschen in Bayern besuchen, die ihm so viel bedeuteten, wie er mir später in einem Fernsehinterview in Castel Gandolfo auf meine Frage hin mitteilen sollte.
Den Repräsentanten in den Diözesen einerseits wie auch den Medienschaffenden in den bayerischen Zeitungs-, Fernseh- und Hörfunkredaktionen, den Agenturjournalisten und Pressefotografen andererseits wurde aber auch gleichzeitig bewusst, welch ungeheure Herausforderung in redaktioneller wie technischer Hinsicht da auf sie zukommen würde. Von Anfang an war klar, dass dieser Besuch vor allem in geistlicher, aber eben auch in medialer Hinsicht ein Jahrtausendereignis werden würde – etwas, das es in dieser Ausführlichkeit, in dieser terminlichen Dichte wie emotionalen Dynamik noch nie zuvor gegeben hat.

Dass es nämlich alles andere als ein nüchterner Arbeitsaufenthalt werden würde, dies hatte Papst Benedikt in eben jenem Interview in Castel Gandolfo ja schon angekündigt:

»Der Grund des Besuchs war eigentlich eben doch wirklich der, dass ich noch einmal die Orte, die Menschen sehen wollte, wo ich groß geworden bin, die mich geprägt und mein Leben geformt haben, und diesen Menschen danken wollte.«
Besonders auch die geistlichen Zentren in Bayern, die Benedikt XVI. besuchen wollte, fieberten dem Ereignis mit größter Spannung entgegen. In München und Freising, in Regensburg und Altötting, wie aber auch an seinen Geburts- und Wohnorten Marktl und Pentling liefen die Vorbereitungen auf Hochtouren, um den zu empfangen, der längst schon zu den größten Söhnen des Bayernlandes gezählt werden kann.

Der Besuch des Heiligen Vaters in Bayern war tatsächlich ein Jahrtausendereignis, ein Meilenstein für alle Gläubigen, nicht nur der Deutschen. Zum einen die Freude, ja, den Enthusiasmus zu erleben, mit dem die bayerische Bevölkerung wie aber auch die vielen Pilger aus anderen Ländern dem Heiligen Vater begegnet sind, die lebendige Präsenz bayerischen Brauchtums mit seinen liebenswerten Traditionen und die gleichzeitige Verbundenheit zum christlichen Glauben. Die unterschiedlichsten Temperamente verbanden sich zu einem großen Ganzen: die Andacht der Alten, die Begeisterung der Jugend, die deutliche Präsenz junger Familien, das Standesbewusstsein der vielen Trachten- und Schützenvereine, die sichtbar gemachten gläubigen Überzeugungen wie auch die stillen Gebete eines jeden Einzelnen. Das nach wie vor existierende Kulturland Bayern war so durch den Papstbesuch für viele wieder sichtbar geworden und die Erkenntnis darüber hat auch mich selbst zutiefst berührt.

Denn Auslöser dieser Erkenntnis war schließlich der Heilige Vater selbst. Papst Benedikt XVI. hat vor allem in seinen Predigten während der Messen in München, in Altötting und in Regensburg mit faszinierend klarer Sprache die Bedeutung jener Werte herausgestellt, die in unserer zunehmend von Gleichgültigkeit und Relativismus bedrohten Gesellschaft zu verschwinden drohen. Als einer, der in diesem Land aufgewachsen ist mit dieser Verwurzelung in seinen Traditionen und Überzeugungen, hat er glaubwürdig und aufrichtig uns alle angesprochen, ja, die Verantwortung in jedem Einzelnen von uns wachgerüttelt, den längst vielerorts sichtbar gewordenen sozialen wie moralischen Verfallserscheinungen in unserer Gesellschaft entgegenzuwirken.
Nicht nur in den westlichen Nationen, sondern in der ganzen Welt. Wer diese Aufrufe Benedikt XVI. aufmerksam gehört oder gelesen hat, der wird schnell erkennen, dass es sich hier um Botschaften von universaler Gültigkeit handelt – mit einer dramatischen Schlussfolgerung. Unsere Zukunft, unsere eigene wie die unserer Kinder und Angehörigen, liegt in unserer Verantwortung – und zwar jetzt. Nur wer erkennt, dass es Werte gibt, die bewahrt, ja, verteidigt werden müssen, dass es gleichberechtigt neben gesellschaftlichen und politischen auch religiöse Überzeugungen gibt, denen man in Achtung und Toleranz begegnen muss, und nur wer bereit ist, dafür einzustehen, der wird die Weichen stellen können für eine Zukunft in Frieden und Freiheit. Für die Eindringlichkeit seiner Worte und auch seine Überzeugungskraft sollten wir dem brillanten Denker und Kirchenoberhaupt Papst Benedikt vor allem dankbar sein.

Liebe Leser, als Herausgeber war es mir ein Anliegen, Ihnen mit diesem Buch eine bleibende Erinnerung an den Besuch Papst Benedikt XVI. in Deutschland bzw. in Bayern an die Hand zu geben. Mit den ausgewählten Fotos und nuancierten Texten können Sie noch einmal diese bewegenden und für viele sicher unvergesslichen Tage Revue passieren lassen. So wünsche ich Ihnen viel Freude und schöne Erinnerungen bei der Lektüre.

Herzlichst

Gerhard Fuchs
Herausgeber

Inhalt

5. August 2006

9. September 2006

10. September 2006

11. September 2006

12. September 2006

13. September 2006

14. September 2006

PFARRKIRCHE BENEDIKTBEUERN
WIRD PÄPSTLICHE BASILIKA

Beim Empfang des Papstes in München zeigt sich Bayern von seiner schönsten traditionellen Seite: Eine Abordnung der Gebirgsschützen ist zu seiner Begrüßung vor dem Nationaltheater angetreten.

Bei seinem Besuch in Regensburg fand der Heilige Vater noch Zeit für ein Gruppenbild mit seinen geliebten Regensburger Domspatzen. Jahrelang hat Georg Ratzinger, sein Bruder, den weltberühmten Chor geleitet.

Interview in Castel Gandolfo

Das Gespräch mit Papst Benedikt XVI. fand am 5. August 2006 in Castel Gandolfo statt. Die Fragen stellten Prof. Dr. Gerhard Fuchs (BR/ARD), Thomas Bellut (ZDF), Christoph Lanz (Deutsche Welle) und P. Eberhard von Gemmingen (Radio Vatikan).

Ein Sommerabend in Castel Gandolfo: Zum ersten Mal gibt ein Papst Fernsehstationen ein Interview. Mit diesem Gespräch wird der Besuch des Heiligen Vaters in Deutschland vorbereitet. Die Ausstrahlung im deutschen Fernsehen erfolgt wenige Tage später.

Frage (Bayerischer Rundfunk/ARD):
Heiliger Vater, im September besuchen Sie Deutschland, genauer gesagt, natürlich Bayern. »Der Papst hat Sehnsucht nach seiner Heimat«, haben Ihre Mitarbeiter während der Vorbereitung berichtet. Welche Themen wollen Sie besonders ansprechen, und gehört der Begriff »Heimat« auch zu den Werten, die Sie den Menschen besonders nahe bringen wollen?

Papst Benedikt XVI.:
Ja, das auf jeden Fall. Der Grund des Besuchs war eigentlich eben doch wirklich der, dass ich noch einmal die Orte, die Menschen sehen wollte, wo ich groß geworden bin, die mich geprägt und mein Leben geformt haben, und diesen Menschen danken wollte. Und dann natürlich auch eine Botschaft ausrichten, die über das eigene Land hinausgeht, wie es meinem Auftrag entspricht. Die Themen habe ich mir ganz schlicht von den liturgischen Daten vorgeben lassen. Das Grundthema ist eigentlich, dass wir Gott wieder entdecken müssen, und nicht irgendeinen Gott, sondern den Gott mit einem menschlichen Antlitz, denn wenn wir Jesus Christus sehen, sehen wir Gott. Dass wir von daher dann die Wege zueinander finden müssen: in der Familie, zwischen den Generationen; und dann zwischen den Kulturen, den Völkern, und die Wege der Versöhnung und des friedlichen Miteinanders in dieser Welt. (…)

Frage (ZDF):
Ihr Besuch in Deutschland lenkt natürlich auch den Blick auf die Situation der Katholiken in Deutschland. Wie sieht ihre Beschreibung der aktuellen Lage der katholischen Kirche in Deutschland aus?

Papst Benedikt XVI.:
Nun, ich würde zunächst sagen, Deutschland gehört zum Westen, wenn auch mit seiner ganz spezifischen Färbung und Tönung. Und in der Welt des Westens erleben wir ja heute eine neue Welle einer drastischen Aufklärung oder Laizität, wie immer Sie das nennen wollen. Glaube ist schwierig geworden, weil die Welt, die wir antreffen, ganz von uns selber gemacht ist und sozusagen Gott in ihr nicht mehr direkt vorkommt. Die Menschen haben die Welt sich selber rekonstruiert, und ihn dahinter noch zu finden, ist schwierig geworden.

Das ist also nicht spezifisch für Deutschland, sondern etwas, was sich in der ganzen Welt, vor allen Dingen in der westlichen Welt zeigt. Andererseits wird der Westen jetzt stark berührt von anderen Kulturen, in denen das originär Religiöse sehr stark ist, die auch erschrecken über die Kälte Gott gegenüber, die sie im Westen vorfinden. Und diese Präsenz des Heiligen in anderen Kulturen, wenn auch in vielfältigen Verschattungen, rührt dann auch wieder an die westliche Welt, rührt uns an, die wir im Kreuzungspunkt so vieler Kulturen stehen. Und auch aus dem Eigenen des Menschen im Westen und in Deutschland steigt immer wieder die Frage nach etwas Größerem auf. Wir sehen das in der Jugend, bei der doch ein Suchen nach Mehr da ist, dass irgendwo das Phänomen Religion, wie man sagt, wiederkehrt, auch wenn die Suchbewegung oft eher unbestimmt sind. Aber die Kirche ist damit wieder da, der Glaube bietet sich als Antwort an. Und ich denke, dass eben gerade dieser Besuch, wie schon vorher Köln, eine Gelegenheit ist, dass man sieht, dass es schön ist, zu glauben, dass die Freude einer großen, universalen Gemeinschaft etwas Tragendes hat, dass dahinter etwas steht und dass so mit neuen Suchbewegungen auch neue Aufbrüche zum Glauben da sind, die uns zueinander führen und die dann auch der Gesellschaft im Ganzen dienen.
(…)

Frage (Bayerischer Rundfunk/ARD):
Als Bischof von Rom sind Sie Nachfolger des Heiligen Petrus. Wie könnte denn das Petrusamt heute zeitgemäß aussehen?

Papst Benedikt XVI.:
Ein Spannungsbogen ist es natürlich und soll es auch sein. Vielheit und Einheit müssen immer wieder zueinander finden, und dieses Zueinander muss in den wechselnden Weltsituationen auch immer neu eingespielt werden. Ja, heute haben wir eine neue Polyphonie der Kulturen. (…) Dieses Zusammenspiel müssen wir immer wieder neu lernen. Wir haben dafür verschiedene Instrumente entwickelt. (…) Ich spreche mit jedem einzelnen Bischof persönlich. Ich habe inzwischen mit fast allen Bischöfen Afrikas und vielen aus Asien sprechen können. Jetzt wird Mitteleuropa, Deutschland, Schweiz dran sein. (…) Dann haben wir weitere Instrumente: die Synode, das Konsistorium, das ich jetzt regelmäßig halten werde und entwickeln möchte, wo man ohne große Tagesordnung anstehende Probleme miteinander bespricht und nach Lösungen sucht. Wir wissen einerseits, dass der Papst kein absoluter Monarch ist, sondern sozusagen das Ganze verkörpern muss in dem gemeinsamen Hinhören auf Christus. Aber das Bewusstsein dafür, dass es sozusagen eine vereinigende Instanz braucht, die auch Unabhängigkeit von den politischen Kräften verschafft und die dafür sorgt, dass sich Christianismen nicht zu sehr mit Nationalitäten identifizieren: diese Einsicht, dass es eine solche übergreifende Instanz braucht, die im Zusammenspiel des Ganzen Einheit schafft und andererseits die Vielheit aufnimmt, annimmt und fördert, die ist sehr stark. Insofern gibt es in dem Sinn, glaube ich, wirklich auch eine innere Zustimmung zum Petrusamt in dem Willen, es so weiterzuentwickeln, dass es dem Willen des Herrn und den Anforderungen der Zeit entspricht.

Auch in der Sommerresidenz wachen die Schweizergardisten über die Sicherheit des Heiligen Vaters.

Frage (ZDF):

Deutschland als Land der Reformation ist natürlich in besonderer Weise vom Miteinander der Konfessionen geprägt. Welche Möglichkeiten sehen Sie, gerade das Verhältnis zur evangelischen Kirche zu verbessern, oder welche Schwierigkeiten sehen Sie auch auf diesem Weg?

Papst Benedikt XVI.:

Vielleicht ist es wichtig, zunächst einmal zu sagen, dass die evangelische Kirche ja sehr vielgestaltig ist. In Deutschland haben wir, wenn ich recht weiß, drei größere Gemeinschaften: Lutheraner, Reformierte, Preußische Union. Dazu bilden sich im Großmaß jetzt auch Freikirchen. (...) Es ist also auch ein vielstimmiges Gefüge, mit dem wir in Respekt vor den vielen Stimmen und in der Suche nach der Einheit in Dialog treten und in Zusammenarbeit kommen müssen. Das Erste ist, dass wir alle miteinander in dieser Gesellschaft uns darum mühen sollten, die großen ethischen Richtlinien deutlich zu machen. Und da geschieht ja schon sehr viel, dass wir in dieser Weise angesichts der großen moralischen Herausforderungen wirklich miteinander verbunden sind aus dem gemeinsamen christlichen Grund heraus. (...) Und dass wir dann natürlich als Nächstes Gott bezeugen in einer Welt, die sich schwer tut, ihn zu finden, wie wir gesagt haben, dass wir den Gott mit dem menschlichen Antlitz Jesu Christi sichtbar machen und den Menschen so den Zugang zu den Quellen geben, ohne die die Moral verkümmert und ihre Maßstäbe verliert, und auch die Freude geben, dass wir nicht isoliert sind in der Welt. (...) Und wenn wir das tun und danach vor allem auch alle einzelnen Gruppierungen den Glauben nicht partikularistisch, sondern immer aus seinen tiefsten Gründen her zu leben versuchen, dann werden wir vielleicht trotzdem nicht so schnell zu äußeren Einheiten kommen, aber dann werden wir zu einer inneren Einheit reifen, die, so Gott will, eines Tages dann auch äußere Formen von Einheit bringt.

Frage (Radio Vatikan):

Thema Familie: Vor etwa einem Monat waren Sie in Valencia beim Familienkongress. Und wer gut hingehört hat, hat gemerkt, dass Sie nie das Wort Homo-Ehe angesprochen haben, nie von Abtreibung, nie von Verhütung gesprochen haben. Aufmerksame Beobachter sagen sich: Interessant! Offenbar ist seine Intention, den Glauben zu verkünden und nicht als Moralapostel durch die Welt zu reisen. Können Sie das kommentieren?

Papst Benedikt XVI.:

Ja, natürlich. Zuerst muss man sagen: Ich hatte ganze zwei Mal zwanzig Minuten Zeit. Und wenn man nur so viel Zeit zur Verfügung hat, kann man nicht gleich mit dem Neinsagen daherkommen. Man muss ja erst wissen, was wir überhaupt wollen, nicht wahr. Und das Christentum, der Katholizismus ist nicht eine Ansammlung von Verboten, sondern eine positive Option. Und die wieder sehen ist ganz wichtig, weil die fast ganz aus dem Blickfeld verschwunden ist. Man hat

Die Kirche in Castel Gandolfo trägt über ihrem Portal das Papstwappen. Wie viele Menschen mögen in ihren Mauern gebetet haben?

Die Kameraleute des Bayerischen Rundfunks, aus Anlass des Papst-Interviews in feierlichem Schwarz.

so viel gehört, was man nicht darf, dass man jetzt hingegen sagen muss: Wir haben aber eine positive Idee, dass Mann und Frau zueinander geschaffen sind, dass sozusagen es die Skala Sexualität, Eros, Agape, die Dimensionen der Liebe gibt und dass auf die Weise dann zunächst Ehe als beglücktes Ineinander von Mann und Frau und dann als Familie wächst. Zunächst einmal also herausstellen, was wir wollen, ist einfach wichtig. Dann kann man auch sehen, warum wir irgendetwas nicht wollen. Was die Abtreibung angeht, gehört sie nicht ins sechste, sondern ins fünfte Gebot: »Du sollst nicht töten!« (...)

Frage (Deutsche Welle):
Weltweit erhoffen sich Gläubige Antworten auf die global drängenden Fragen. Stichwort hier: AIDS und Überbevölkerung. Warum stellt die katholische Kirche die Moral so heraus und über die Lösungsansätze für dieses Schicksalsproblem der Menschen, beispielsweise in Afrika?

Papst Benedikt XVI.:
Ja nun, das ist die Frage: Stellen wir wirklich die Moral so heraus? Ich würde sagen – so hat es sich mir auch im Gespräch mit den afrikanischen Bischöfen immer mehr kristallisiert: Das grundlegende Stichwort, wenn wir in diesen Sachen vorankommen wollen, heißt Erziehung, Edukation, Bildung. Fortschritt kann nur Fortschritt sein, wenn er dem Menschen dient und wenn der Mensch selber wächst: wenn in ihm nicht nur das technische Können wächst, sondern auch seine moralische Potenz. Und ich denke, das eigentliche Problem unserer historischen Situation ist das Ungleichgewicht zwischen dem ungeheuren rapiden Anwachsen dessen, was wir technisch können, und unserm moralischen Vermögen, das nicht mitgewachsen ist. Und deswegen ist die Bildung des Menschen das eigentliche Rezept, der Schlüssel von allem, und das ist auch unser Weg. Und zwar hat diese Bildung, kurz gesagt, zwei Dimensionen. Zunächst einmal müssen wir natürlich etwas lernen: Wissen, Können erwerben, Know-How, wie man so schön sagt. Aber wenn man nur Know-How weitergibt, nur beibringt, wie man Maschinen macht und mit ihnen umgeht – und wie man Verhütungsmittel anwendet –, dann braucht man sich nicht zu wundern, dass am Schluss Krieg herauskommt und AIDS-Epidemien. Sondern wir brauchen zwei Dimensionen, es muss die Bildung des Herzens, wenn ich so sagen darf, mit dazukommen, durch die der Mensch Maßstäbe gewinnt und dann auch seine Technik richtig gebrauchen lernt. Und das ist es, was wir zu tun versuchen. Wir haben in ganz Afrika und auch in vielen Ländern Asiens ein großes Netz von Schulen aller Stufen, wo zunächst Lernen möglich ist, wo wirklich Kenntnis erworben werden kann, berufliche Befähigung erworben wird und dadurch Unabhängigkeit und Freiheit möglich wird. Aber wir versuchen in diesen Schulen eben nicht nur, Know-How weiterzugeben, sondern auch die Menschen zu formen, so dass sie den Willen zur Versöhnung haben und dass sie wissen: Wir müssen aufbauen und nicht zerstören. Dass sie Maßstäbe haben, wie sie miteinander leben können. In Afrika ist

zum großen Teil das Miteinander von Moslems und Christen ganz vorbildlich. Und dieses doppelte Netz der Schulen, des Lernens und des menschlichen Bildens ist wichtig. Es wird dann ergänzt durch ein Netz von Krankenhäusern und von Pflegestationen, die bis in die letzten Dörfer hineinreichen. Insofern, glaube ich, sollte das Bild korrigiert werden, dass wir nur mit lauter »Nein« um uns herumwerfen. Es geschieht gerade in Afrika sehr viel, damit die verschiedenen Dimensionen der Bildung sich ergänzen können und damit die Überwindung der Gewalt und auch der Epidemien möglich wird.

Frage (ZDF):
Moderne Gesellschaften orientieren sich in wichtigen Entscheidungen zu Politik und Wissenschaft nicht an den christlichen Werten, und wenn die Kirche bemerkt wird, dann oft als warnende oder bremsende Stimme. Müsste die Kirche nicht aus dieser defensiven Rolle heraus und positiver in die Zukunft blicken und auch positiver gestalten?

Papst Benedikt XVI.:
Ja, ich würde sagen, das ist auf jeden Fall ein Auftrag an uns, dass wir deutlicher machen, was wir denn positiv wollen. Dass wir es vor allen Dingen im Miteinander der Kulturen und der Religionen zur Geltung bringen. Denn der afrikanische Kontinent, die afrikanische Seele, auch die asiatische Seele ist erschreckt, bei

Ein Schweizergardist in seiner farbenfrohen Uniform steht am Eingang Wache. Der Dienst in dieser Garde ist eine begehrte Auszeichnung.

uns eine kalte Rationalität zu sehen. Wichtig ist, zu zeigen, dass es nicht nur dieses gibt. Und umgekehrt, für unsere laizistische Welt ist es wichtig, zu sehen, dass für den Dialog mit den anderen Welten gerade auch der christliche Glaube nicht ein Hindernis, sondern eine Brücke ist. (…) Insofern müssen wir zeigen, können wir zeigen, dass gerade für die neue Interkulturalität, in der wir leben, die pure, von Gott losgelöste Rationalität nicht genügt, sondern eine weite Rationalität nötig ist, die Gott in der Einheit mit der Vernunft sieht, und dass unser christlicher Glaube, der sich in Europa entwickelt hat, auch ein Mittel ist, um Vernunft und Kultur zueinander zu bringen und in einer verständnisvollen Einheit auch des Handelns miteinander zu halten. (…)

Frage (ZDF):
Heiliger Vater, die Frauen in der katholischen Kirche sind sehr aktiv in vielen Funktionen. Müssten sie nicht deutlich sichtbarer tätig sein, also auch in höheren Positionen in der Kirche?

Papst Benedikt XVI.:
Ja, darüber wird natürlich sehr nachgedacht. Sie wissen, dass wir uns durch den Glauben, durch die Konstitution des Apostelkollegiums bestimmt und nicht dazu ermächtigt fühlen, Frauen die Priesterweihe zu erteilen. Aber man sollte auch nicht meinen, in der Kirche ist nur jemand etwas, der ein Priester ist. Es gibt eben ganz viele Aufträge und Funktionen in der Kirchengeschichte. Von den Schwestern der Kirchenväter angefangen bis ins Mittelalter, wo große Frauen eine sehr bestimmende Rolle ausgeübt haben. Und in die Neuzeit herein: Denken wir an Hildegard von Bingen, die kraftvoll protestiert hat gegen Bischöfe und Papst. Und Katharina von Siena und Birgitta von Schweden. So in die Neuzeit herein müssen die Frauen und müssen wir ja auch immer wieder mit ihnen zusammen den richtigen Platz für sie suchen. (…) Aber ich

glaube, die Frauen selber werden mit ihrem Schwung und ihrer Kraft, mit ihrem Übergewicht sozusagen, mit ihrer »geistlichen Potenz«, sich ihren Platz zu verschaffen wissen. Und wir sollten versuchen, auf Gott zu hören, dass wir den auch nicht behindern, sondern uns freuen, dass das Weibliche in der Kirche, wie es sich gehört – von der Muttergottes und von Maria Magdalena an –, seine kraftvolle Stelle erhält.

Frage (Bayerischer Rundfunk):
Heiliger Vater, man spricht in letzter Zeit von einer neuen Faszination des Katholischen. Wie steht es denn um die Lebenskraft und um die Zukunftsfähigkeit dieser doch eigentlich uralten Institution?

Papst Benedikt XVI.:
Ja, ich würde sagen: Es hat schon der ganze Pontifikat von Johannes Paul II. die Menschen aufhorchen lassen und sie versammelt. Was bei seinem Tod vor sich gegangen ist, bleibt geschichtlich etwas ganz Einzigartiges, wie da Hunderttausende diszipliniert sich auf dem Petersplatz drängen, stundenlang dastehen und eigentlich umfallen müssten in dieser Situation und doch durchhalten und von innen her bewegt sind. Und wir haben es wieder erlebt bei meiner Amtsübernahme und in Köln. Das ist schon etwas sehr Schönes, dass das Gemeinschaftserlebnis dann zugleich ein Glaubenserlebnis wird; dass man Gemeinschaft nicht nur irgendwo erfährt, sondern dass sie gerade dort, wo Orte des Glaubens sind, lebendig wird und auch dem Katholischen seine Leuchtkraft gibt. Natürlich muss es dann im Alltag durchgehalten werden. Einerseits die großen Augenblicke, wo man sieht, es ist schön, dabei zu sein, Gott ist da, und wir sind eine große versöhnte Gemeinschaft über die Grenzen hinweg. Wir haben der Menschheit etwas zu geben, und uns wird von Gott, von der Kirche etwas gegeben. Und dann muss man daraus natürlich den Schwung schöpfen und von solchen Lichtpunkten her auf sie hin leben und damit auch andere in die Weggemeinschaft einladen. Aber ich möchte die Gelegenheit doch benützen, um zu sagen: Ich bin ja ganz beschämt über all das, was an Vorbereitungen für meinen Besuch geschehen ist, was Menschen da alles tun, nicht wahr. Mein Haus ist angestrichen worden, eine Berufsschule hat den Zaun gemacht. Der evangelische Religionslehrer hat mitgewirkt an meinem Zaun. Und das ist ja jetzt nur eine Kleinigkeit, aber ein Zeichen für ganz vieles, was getan wird. Das finde ich so großartig, und ich beziehe es nicht auf mich, sondern es ist einfach ein Wille, dieser Gemeinschaft im Glauben zuzugehören und alle miteinander zu dienen. Diese Solidarität zu zeigen und dabei uns vom Herrn her inspirieren zu lassen: Das ist für mich etwas Bewegendes, und dafür möchte ich auch ganz herzlich danken.

Vor dem Interview: der Heilige Vater im Gespräch mit dem Fernsehdirektor des Bayerischen Rundfunks, Prof. Dr. Gerhard Fuchs.

Auf der Kuppe eines Hügels, nicht weit von Rom, thront majestätisch Castel Gandolfo, seit Jahrhunderten die Sommerresidenz der Päpste. Dort fand das erste Fernseh-interview überhaupt mit einem Oberhaupt der katholischen Kirche statt

Papst Benedikt XVI. begrüßt nach dem Interview die Mitarbeiter des Bayerischen Rundfunks. Hier spricht er mit Michael Mandlik; im Hintergrund ist Pater Eberhard von Gemmingen (Radio Vatikan) zu sehen.

Oben: Der Ministerpräsident Edmund Stoiber (rechts) gehört zu den Ersten, die Papst Benedikt XVI. in seiner alten Heimat begrüßen.

Links: Der Heilige Vater wird von Kindern in Tracht mit einem bunten Blumenstrauß herzlich willkommen geheißen.

Herzlich willkommen, Heiliger Vater!

Um 15.22 Uhr an diesem 9. September 2006 ist es so weit: Papst Benedikt XVI. landet auf dem Münchner Flughafen – ein würdiger Auftakt zu den Stationen seines Lebens, eine Reise zu Freunden, eine Reise in die Heimat.

Welch eine perfekte Kulisse für die Ankunft des Heiligen Vaters in seiner bayerischen Heimat! Bei strahlendem Sonnenschein und 24 Grad warten seit Stunden Hunderte Gäste auf dem Flughafen München auf die Ankunft von Papst Benedikt XVI. Viele Abordnungen sind aus Gemeinden gekommen, die im Leben von Joseph Ratzinger eine wichtige Rolle gespielt haben: aus Marktl und Traunstein, Aschau und Tittmoning, Regensburg, Pentling und Freising. Alle schwenken weiß-blaue Fähnchen.
15.22 Uhr. Überpünktlich landet der Airbus A321 der Alitalia. In der bayerischen Landeshauptstadt läuten alle Kirchenglocken. Der Papst ist zu Hause!
Um 15.33 Uhr ist es dann so weit: In seiner strahlend weißen päpstlichen Soutane steigt Benedikt XVI. langsam die Stufen der Gangway herunter und betritt erstmals als Papst den geliebten bayerischen Boden. Und sofort erschallen die überall berühmten »Be-ne-det-to!«-Rufe, die ihn seit seiner Wahl am 19. April 2005 ständig begleiten.

Sonnenschein und eine kräftige Brise – bei »Papstwetter« trifft Benedikt XVI. in München ein.

Papst Benedikt XVI. ist ja nicht nur das Oberhaupt der katholischen Kirche, sondern auch das Staatsoberhaupt des Vatikans. Dementsprechend wird er mit militärischen Ehren empfangen: Das Stabsmusikkorps der Bundeswehr spielt die Hymne des Vatikans, die deutsche Nationalhymne und – erstmals an diesem wunderbaren Tag – die Bayern-Hymne.
In seiner Begrüßungsrede sagt Bundespräsident Horst Köhler: »Ich finde es bewegend, dass Sie sich als oberster Hirte der universalen Kirche so zu Ihrer Herkunft, zu Ihrer Heimat bekennen.« Er formuliert unter dem Beifall der Gäste den Wunsch nach mehr Ökumene.
»Bewegten Herzens betrete ich heute zum ersten Mal nach meiner Erhebung auf den Stuhl Petri bayerischen und deutschen Boden.« Das sind die ersten Worte von Papst Benedikt XVI. nach der Ankunft im Land seiner Herkunft, die er auch als Ermutigung verstanden wissen möchte: »Mein Wunsch ist es, dass alle meine Landsleute in Bayern und in Deutschland insgesamt sich aktiv an der Weitergabe der grundlegenden Werte des christlichen Glaubens an die Bürger von morgen beteiligen.« Als eine Windbö ein Blatt seines Manuskripts wegweht, spricht der sichtlich entspannte Heilige Vater frei, um für alle Anstrengungen zu seinem Besuch zu danken. Ebenso dankbar ist er dem »Herrn für das bayerische Wetter, denn das kann man nicht bestellen.«
Nach einer Dreiviertelstunde macht sich Benedikt XVI. auf den Weg in die Münchner Innenstadt, wo 70 000 begeisterte Menschen auf ihn warten. Herzlich willkommen, Heiliger Vater!

Der Bundespräsident Horst Köhler und seine Frau Eva, Bundeskanzlerin Angela Merkel, der bayerische Ministerpräsident Edmund Stoiber und seine Frau Karin sowie der Münchner Erzbischof Friedrich Kardinal Wetter und Karl Kardinal Lehmann, der Vorsitzende der Deutschen Bischofskonferenz, begrüßen den Papst mit strahlenden Gesichtern.

Ein Papst aus Bayern für Europa und die ganze Welt. In festliche Tracht gekleidete Abordnungen aus vielen bayerischen Gemeinden sind gespannt auf »ihren« Papst.

München begrüßt Papst Benedikt XVI.

Die bayerische Landeshauptstadt war die erste Station auf der Reise des Heiligen Vaters in seine Heimat. Vom Flughafen aus fuhr Benedikt XVI. mit dem Papamobil in die Münchner Innenstadt, auf den Marienplatz und zur Residenz.

Links: Bundespräsident Köhler begrüßt Papst Benedikt XVI. am Flughafen Franz-Josef-Strauß. Der Heilige Vater ist nicht nur Oberhaupt der katholischen Kirche, sondern auch das Staatsoberhaupt des Vatikanstaats. Deswegen empfängt ihn auch das deutsche Staatsoberhaupt offiziell.

Unten: Noch ist alles ganz ruhig. Die Vorbereitungen sind erledigt – der Heilige Vater kann kommen.

Links: Dem Protokoll eines Staatsbesuchs entsprechend, wird Benedikt XVI. mit militärischen Ehren empfangen. Das Musikkorps des Ehrenregiments spielt dazu.

Links: Der Papst wird vom Bundespräsidenten und dem bayerischen Ministerpräsidenten zu seinem Fahrzeug geleitet.

Unten: Am Marienplatz begrüßen die Münchner »ihren« Papst mit begeistertem Applaus. An der Mariensäule begann und beendete er seine Zeit als Erzbischof von München und Freising, und hier betet er nach seiner Ankunft zum ersten Mal mit den Gläubigen.

Oben: Mit Bayernfahne und der Flagge des Vatikan ausgerüstet, bringen diese Wartenden zusammen, was zusammen gehört.

»Benedikt ist uns für immer ans Herz gewachsen«

Papst Benedikt XVI. beginnt seinen Besuch in der Heimat mit einer Fahrt im Papamobil und trifft auf begeisterte Münchner.

Nach der Ankunft auf dem Flughafen München bewegt sich der Konvoi des Papstes zügig nach München über die gesperrten Autobahnen A92 und A9. Am Priesterseminar Georgianum in der Leopoldstraße der erste kurze Halt: Benedikt XVI. zieht sich um und wechselt in den weltberühmten weißen Mercedes mit der großen Glaskabine. Die anschließende Fahrt im Papamobil durch die Stadt zum Marienplatz ist die Rückkehr von Joseph Ratzinger ins »Herz Bayerns« und in die Herzen der Bayern.
Seit Stunden sind Leopold- und Ludwigstraße sowie alle Straßen

Oben: Der Papst aus Bayern berührt die Herzen der Menschen. Aus vielen Ländern Europas sind die Gläubigen nach München gereist, um ihn zu treffen.

Unten: Benedikt XVI. freut sich über den begeisterten Empfang und grüßt fröhlich die Wartenden.

Auffallend ist die heitere Gelassenheit, mit der sich die vielen Zuschauer auf »ihren« Papst vorbereiten. Und in Bayern gehört die Festtagstracht einfach zu einem solchen Anlass dazu und wird mit Stolz getragen.

innerhalb des Altstadtrings gesperrt. 70 000 Gläubige warten auf die Ankunft des Heiligen Vaters. Als ein kleiner Junge auf den Schultern seines Vaters ihn kommen sieht, ruft er laut: »Papa, Papa, der Papst da!«
Eine unter den 70 000 ist Annemarie Nestler. »Benedikt bleibt immer einer von uns. Wo man einmal zu Hause war, da behält man schließlich immer seine Wurzeln«, erklärt sie die Begeisterung der Gläubigen. Die 58-Jährige trägt schwarz-grüne Tracht und kann vor Aufregung kaum stillstehen. Sie erzählt von ihrem Chef im Kindergarten St. Helena, Fritz Wiegele, der mit Joseph Ratzinger zum Priester geweiht wurde. Nestler beteuert 18 Jahre später noch: »Mein Chef hat damals schon über Ratzinger gesagt, der könnte mal Papst werden.«
Als Fritz Wiegele seine Vorahnung gehabt haben soll, war Josef Mayer noch gar nicht geboren. Der Karlsfelder hat gerade erst seinen 13. Geburtstag gefeiert, immer wieder ruft er mit seinen Freunden von der Neokatechumenalen Gemeinschaft in Karlsfeld »Be-ne-detto« und winkt mit seiner Schirmmütze. Um seinen Körper hat er eine Bayernfahne gewunden, er ist nämlich »sehr stolz auf den Papst aus Bayern«.
Als während der Feier an der Mariensäule die Bayern-Hymne angestimmt wird, singt Mayer aus voller Brust mit. »Einmal zusammen mit dem Papst gebetet zu haben, ist einfach überwältigend«, sagt der Junge später.
Doch zuvor beobachtet er, wie der Heilige Vater zusammen mit Friedrich Kardinal Wetter und dem Papst-Sekretär Monsignore

Auch die Geschäftsinhaber finden originelle Wege, ihre Anteilnahme und Freude über den Papstbesuch zu zeigen.

Georg Gänswein im Papamobil die Gläubigen passiert. »Benedikt, wir lieben Dich« oder »Bosnien und Herzegowina grüßen ihren Papst« – die Bandbreite der Sympathiebekundungen ist groß. Benedikt XVI. winkt freundlich, er ist sichtlich gerührt.
Roger Gottschalk, stilecht in Lederhose und Trachtenhemd, ist sich ganz sicher: »Benedikt liebt München – und München liebt ihn.« Auch Gottschalk persönlich hat das Gebet an der Mariensäule tief beeindruckt: »Wunderbar, einzigartig, ich bin sehr glücklich!« Die Heimkehr des Papstes ist für den 46-Jährigen ein Besuch der Superlative. Dabei ist Gottschalk ist fest überzeugt: »Der Papst hat sich wahnsinnig gefreut, wieder daheim zu sein.«
»Daheim« – das hat für Marianne Becker einen ganz besonderen Klang. Die 70-Jährige wartet in der ersten Reihe am Marienplatz auf den Papst, Becker kennt ihn schon lange. Als sie 15 Jahre alt war und sich in der Katholischen Jugend Heiligenblut-Bogenhausen engagierte, war der junge Joseph Ratzinger ihr Kaplan. Seit dieser Zeit trägt sie ein Primizblatt von Joseph und Georg Ratzinger bei sich, stolz zeigt sie es umher. Damals schon sei der Jüngere der Ratzingers »wahnsinnig offen und sympathisch« gewesen, er habe sie mit seiner Klugheit und Bescheidenheit enorm fasziniert, erinnert sie sich. Ihn hier in seiner alten Diözese zu sehen, berührt die 70-Jährige tief. Doch Becker wirkt während des Gebetes ein wenig wehmütig, sie erklärt schließlich warum: »Benedikt XVI. nimmt heute wohl für immer Abschied von seiner Heimat. Und damit auch Abschied von uns.« Das sind die kleinen, leisen Töne inmitten des großen, bewegenden Auftritts von Papst Benedikt XVI. auf dem Marienplatz. Annemarie Nestler bringt dabei die Gefühle der Münchner für »ihren« Papst auf den Punkt: »Benedikt ist uns für immer ans Herz gewachsen – und wir ihm.«

Jung oder alt, in Tracht oder in Freizeitkleidung: Alle sind sie herbeigeströmt, um den Papst zu sehen, der aus ihrer Mitte kommt.

Oben: In Ehrenformation harren die Gebirgsschützen, geschmückt mit Orden und Gamsbart auf den traditionellen Hüten, unter ihren Standarten auf dem Residenzplatz aus, bis der Heilige Vater in seinem Papamobil endlich auch bei ihnen angekommen ist.

Links: Auch diese jungen Frauen haben sich von der freudigen Stimmung anstecken lassen und lachen fröhlich in die Kamera.

Zurück im Herzen Bayerns

Erster Höhepunkt des Papstbesuchs: Benedikt XVI. betet an der Mariensäule wie zuletzt 1982 bei seinem Abschied aus München.

Völlige Stille. Die Spannung über dem Marienplatz in München ist fast unheimlich. Jeder der 12 000 Menschen vor dem Rathaus wartet auf den erlösenden Ruf: »Be-ne-det-to!« Plötzlich bricht es los, »Viva il papa!« und »Halleluja« über dem gesamten Platz. Gelb-weiße und weiß-blaue Fahnen werden geschwenkt. Das Papamobil ist da, München hat »seinen« Benedikt wieder.

Als Papst Benedikt XVI. um 17.17 Uhr aus dem Papamobil steigt, begrüßen zwei Kinder der Stadtpfarrei St. Peter den heimgekehrten Heiligen Vater mit gelben und weißen Rosen, den Farben des Vatikans. Danach geht es weiter im Protokoll, die Präzision ist beeindruckend. Pünktlich um 17.30 Uhr steigt Benedikt XVI. zwischen dem Münchner und dem Papstwappen aus Blumen zur Mariensäule empor – Joseph

Ratzinger ist jetzt wieder da, wo er zuletzt 1982 stand.
»Unter deinen Schutz fliehen wir, in dem wir froh und sicher leben«, heißt es in der Inschrift auf der Mariensäule. Für viele Gläubige soll das auch der Papst erfüllen. »Ich erhoffe mir einen schützenden Segen.« Michael Morvay ist extra aus Basel angereist, er sagt: »Ich will dem Papst und seiner Heimat auch die Ehre erweisen.« Als Erster tut dies um 17.33 Uhr der bayerische Ministerpräsident Edmund Stoiber. Tief bewegt sei er, und endlich dürfe man den berühmten Landsmann wieder »im Herzen Bayerns« begrüßen. Friedrich Kardinal Wetter scheint noch tiefer berührt: Als er aus dem Papamobil aussteigt, laufen Tränen über sein Gesicht. Ergriffen zitiert der Münchner Erzbischof seinen Vorgänger: »Mein Herz schlägt immer noch bayerisch!« Erneut brandet Jubel auf. Und doch sind es mehr die leisen Töne, die das Gebet an der Mariensäule prägen. So auch, als sich Benedikt XVI. endlich an »seine« Münchner wendet. Der Heilige Vater vergleicht sich mit dem Bären des Stadtpatron Korbinian, der dem Heiligen als Lasttier diente. Und schmunzelnd fährt er fort: »Der Bär des heiligen Korbinian wurde in Rom freigegeben. In meinem Fall hat der Herr allerdings anders entschieden.«
Die Menge lacht, mancher erinnert sich an Benedikts erste Worte als Papst, als er sich einen »demütigen Arbeiter im Weinberg des Herrn« nannte. Der »einfache Arbeiter« muss gleich weiter in die Residenz, zuvor trägt er sich bei Oberbürgermeister Christian Ude in das Goldene Buch der Stadt München ein.
Der Höhepunkt dieser feierlichen ersten Begegnung ist sicherlich die Bayernhymne. Das Oberhaupt der Kirche singt zusammen mit den Tausenden Gläubigen. Doch während der zweiten Strophe scheint er überwältigt und hält inne. »Ich bin tief bewegt, wieder hier zu stehen«, hat der Heilige Vater zu Beginn gesagt. Und man sieht es ihm an: Er schaut gerührt, zufrieden, gelöst, er wirkt richtig glücklich.
»Unruhig ist mein Herz, bis es ruht in Dir«. An diesem besonderen Tag scheint das Zitat des Kirchenlehrers Augustinus ganz genau auf Papst Benedikt XVI. und seine Rückkehr ins »Herz Bayerns« zuzutreffen.

Oberbürgermeister Ude empfängt den hohen Besuch, der sich in das Goldene Buch der Stadt einträgt.

Linke Seite: Vor dem Münchner Rathaus wartet die Menge dicht gedrängt auf den Papst.

Links: Rückkehr an den Ort des Abschieds vor 24 Jahren.

»Das ganze Land freut sich«

Beim Staatsempfang in der Münchner Residenz spricht Papst Benedikt XVI. mit Bundespräsident Köhler, Bundeskanzlerin Merkel und Ministerpräsident Stoiber.

Nun kommt er also auch zu den vielen hundert Zuschauern, die in warmem Abendlicht und bei immer noch angenehmen Temperaturen vor der Residenz ausharren und den begeisternden Empfang für den Papst am Flughafen und auf dem Marienplatz nur über die Videoleinwand verfolgen konnten.

Gelöst lächelnd entsteigt Benedikt XVI. dem Papamobil und grüßt die Wartenden mit dieser Mischung aus Winken und Segnen, die fast schon sein Markenzeichen geworden ist.

Der letzte Akt dieses ersten Besuchstages steht an: Der Staatsempfang in der Residenz, Vieraugengespräche mit Bundespräsident, Bundeskanzlerin und dem bayerischen Ministerpräsidenten, die bereits vor etwa einer halben Stunde eingetroffen sind. Die Begegnungen finden im kleinen, aber umso prächtigeren Porzellankabinett statt, in das Köhler, Merkel und Stoiber gelangen, nachdem sie den langen Gang mit der Ahnengalerie der Wittelsbacher hinabgeschritten sind.

Die Zeit ist knapp, 15 bis 20 Minuten sind für jedes der Gespräche eingeplant. Dennoch kommen drängende politische und kirchli-

Gut gelaunt tauschen sich der Heilige Vater und die Bundeskanzlerin Angela Merkel über Probleme der Ökumene und die bevorstehende EU-Ratspräsidentschaft der Bundesrepublik Deutschland aus, und die Bundeskanzlerin überreicht dem Papst einen Bildband über Deutschland.

che Themen zur Sprache: Mit Köhler erörtert der Heilige Vater die Befindlichkeit des Christentums in Deutschland. Er habe die Sorge, »dass wir nicht genug daraus machen«, erzählt der Bundespräsident anschließend. Auch über den Nahost-Konflikt und den Dialog zwischen Muslimen und Christen hätten sie gesprochen.
Angela Merkel kommt gut gelaunt aus dem kurzen Treffen, in dem es unter anderem um die Ökumene und die bevorstehende EU-Ratspräsidentschaft der Deutschen gegangen sei. Sie lobt den deutschen Papst als »großen Theologen, der aber dennoch der Welt zugewandt ist«. Die Kanzlerin verabschiedet sich an diesem Tag mit dem Hinweis, dass Bayern ja durchaus auch ein Teil Deutschlands sei, sich also das ganze Land über den Besuch des Papstes freuen dürfe. In den Stunden zuvor hat sie viele neue bayerische Freunde gewonnen, als sie deutlich die Bayern-Hymne mitsang, was sicherlich auch dem bayerischen Ministerpräsidenten besonders gut gefallen haben dürfte.
Edmund Stoiber kennt Joseph Ratzinger am längsten. Nach ihrem Vieraugengespräch trifft seine ganze Familie den Papst. Als sie anschließend gemeinsam mit Benedikt XVI. wieder die Ahnengalerie entlangschreiten, werden sie vom Andachtslied »Gott grüße dich« begleitet.
Glücklich und reich beschenkt fährt der Heilige Vater danach mit dem Papamobil ins Erzbischöfliche Palais: Münchens Oberbürgermeister Christian Ude bedachte ihn mit einer Holzfigur des Stadtpatrons St. Benno. Der Bundespräsident überreichte ihm einen Kupferstich des Regensburger Doms, und Stoiber überraschte den Gast mit einer handgeschnitzten Kopie der Statue auf der Mariensäule. Am meisten aber dürfte sich Papst Benedikt über dieses Geschenk gefreut haben: dass er diesen wunderbaren Tag in seiner Heimat und die grenzenlose Herzlichkeit der Münchner erleben durfte.

Links: Papst Benedikt XVI. in angeregtem Gespräch mit Bundespräsident Horst Köhler beim Staatsempfang in der Residenz.

Auch der Papst Benedikt XVI. hat der Bundeskanzlerin ein Präsent mitgebracht – ein altes Gemälde.

Im Einsatz für den Papst

Der Besuch von Papst Benedikt XVI. ist auch eine große Herausforderung an Logistik und Sicherheit. Viele Tausend Freiwillige und Einsatzkräfte sorgten für die Sicherheit und den reibungslosen Ablauf des Marathon-Ereignisses.

Einer von ihnen ist Benedikt Liefländer vom Generalsekretariat der Malteser. Der gelernte Jurist ist bei der Hilfsorganisation für Ausbildung, Rettungsaktionen, besonders aber für die Großeinsätze zuständig. Ob Heavy-Metal-Konzerte oder brisante Fußballspiele – Liefländer packt die »heißen Eisen« an. Auch beim Weltjugendtag 2005 in Köln koordinierte er die Hilfskräfte, aufgeregt sei er vor solchen Events schon lange nicht mehr, auch jetzt beim Papstbesuch nicht. Seit 18 Jahren arbeitet Liefländer bei den Maltesern, der Papstbesuch ist die größte Herausforderung für ihn. In erster Linie bestand sie darin, die Helfer in der Vorbereitung entsprechend auszubilden, die Absprachen zu sichern und die Teams entsprechend zusammenzustellen und auszurichten. Während des Einsatzes überwacht Liefländer die Lage per Funk, zur Not auch per SMS. Der Malteser hat viel Erfahrung im Umgang mit kritischen Situationen: »Du musst den Leuten auch in die Augen sehen, um zu wissen, wie sie sich verhalten werden.« Oft verzichtet Liefländer auch auf Mullbinde und Pflaster, er weiß nach 18 Jahren: »Ein gutes Wort nützt oft mehr. Man muss dem Menschen auch seelisch helfen – wir sind schließlich eine katholische Organisation.«
Einer katholischen Organisation gehört auch Bernhard Stürber an, der Diakon ist bei Kolping. Der Münchner hat schon viel erlebt, lange war er Spiritual im Priesterseminar München-Freising. Bei etlichen großen Messen war er schon dabei, doch die Messe am

In München waren während des Papstbesuches 5000 Polizisten im Einsatz. Eine große Aufgabe für die bayerischen Ordnungshüter, zu denen auch diese junge Frau gehört.

In der Wärme macht sich im Laufe des Tages bei dem ein oder anderen Helfer Erschöpfung breit – wie zum Beispiel bei dem jungen Feuerwehrmann links.

Sonntag in Riem war der Höhepunkt für Stürber: Für gut 250 000 Gläubige auf dem Messegelände, für Millionen an den Fernsehgeräten war er einige Minuten lang der Mittelpunkt – Bernhard Stürber sang das Evangelium bei der Papstmesse. Friedrich Kardinal Wetter hatte ihn für diesen Ehrendienst ausgewählt, nervös war Stürber dennoch nicht: Seine Vorbereitungszeit war ungewöhnlich – ungewöhnlich kurz. Eine halbe Stunde verwendete er für die gesangliche Gestaltung der Stelle, er musste die verschiedenen Varianten abwägen. Der Diakon entschied sich für das »Cantilieren«. Das gesungene Evangelium sei am intensivsten: »So wird auch das Gemüt angesprochen, die Worte wirken damit am stärksten«, erklärt Stürber. Als der große Moment gekommen ist, bleibt Stürber immer noch ruhig. Die Menschen vor ihm nimmt er kaum wahr. Sicher ist er sich aber trotzdem: »Das Evangelium ist die Verkündigung der Frohbotschaft – ich glaube, das habe ich rübergebracht.«

Das Evangelium ist wichtig – die Eucharistiefeier ist noch wichtiger. Dabei wird der »Leib Christi« an die Gläubigen verteilt, bei 250 000 Gläubigen in München ein gewaltiges Unterfangen. Über 900 Kommunionhelfer waren dabei im Einsatz, überall waren in ihrer Nähe die leuchtend gelben Schirme zu sehen. Einer der Schirme gehört Teresa Sturm. Die 12-Jährige hatte sich in ihrer Gemeinde Staudach-Egerndach sofort für diesen Dienst gemeldet, sie »wolle einmal ganz nahe an den Papst herankommen«. Geprobt wurde allerdings gar nicht, sie wurde mit ihrer Freundin Katharina Pointer etwa zwei Stunden vorher einem Kommunionausteiler zugewiesen. Vor der Messe sagte sie: »So aufgeregt waren wir noch nie in unserem Leben.«

Aufregung kann sich Wilhelm Schmidbauer nicht leisten – Anlass jedenfalls bestände dazu genug. Schmidbauer ist Polizeipräsident in München und damit gleich an drei Tagen für die Sicherheit des Oberhauptes der Kirche zuständig. Über eine halbe Million Pilger werden erwartet, gut 5000 Polizisten sind im Einsatz. Das große Problem für Polizeipräsident Schmidbauer ist: Den Spagat zwischen dem Kontakt mit den Gläubigen und der persönlichen Sicherheit des Pontifex: »Wir haben vor allem die Erfahrung gemacht, dass die Gläubigen ein sehr dankbares und pflegeleichtes Publikum sind. Sie haben großes Verständnis für die Aufgaben und Probleme der Polizei. Wir haben da überhaupt keine Schwierigkeiten gehabt, im Gegensatz zu vielen weltlichen Veranstaltungen, die wir sonst zu bewältigen haben.«

Der Papst im Anflug

von Martin Posselt

9.30 Uhr

Der erste Termin unseres sechstägigen Abenteuers klingt ganz harmlos: Treffpunkt 9.30 Uhr auf dem Gelände des Bayerischen Rundfunks in Freimann. Das Wetter soll schön bleiben, Gott sei Dank. Das erleichtert auch mein Gepäck – schließlich werde ich die nächsten sechs Tage nicht mehr an meinen Kleiderschrank kommen.

Wir fahren vom BR-Fernsehstudio zum Marienplatz. Dort haben die Kollegen hoch über den Köpfen der Passanten unser Freiluftstudio aufgebaut. Ich klettere die schwankende Treppe hinauf. Von oben bietet sich ein großartiger Blick auf die Mariensäule und die Türme der Frauenkirche.

13.00 Uhr

In einem Haus nebenan ist unser provisorisches Büro aufgebaut. Erste Lagebesprechung. Wie soll man sich auf eine stundenlange – ja eigentlich tagelange – Livesendung vorbereiten?

Peter Mezger, den ich beim Moderieren unterstützen soll, strahlt Gelassenheit aus: So wenig wie möglich, meint er. Immer locker bleiben. Nach der Sitzung ist noch Gelegenheit, etwas zu essen. Aber außer Obst kriege ich nichts hinunter. Um 13 Uhr gehen wir auf Sendung.

Vor der Ankunft

Wir fangen an mit einer Schalte zum Abflug des Papstes in Rom. Es folgt eine erste Gesprächsrunde mit unseren Gästen: Prälat Alfred Läpple, ein Lehrer des Papstes aus Freisinger Tagen, Prof. Hans Maier, ehemaliger Präsident des Zentralkomitees der Katholiken, Peter Seewald, der mit dem damaligen Kardinal Joseph Ratzinger das Buch »Salz der Erde« gemacht hat. Mit solchen Gesprächspartnern kann nichts schief gehen.

Er kommt!

Dann meldet sich die Regie am Kopfhörer: Der Papst ist im Anflug auf München. Unsere Kamera bewegt sich parallel zur landenden Papstmaschine – sensationelle Bilder! Wie unser Redakteur Stephan Keicher das geschafft hat, weiß niemand.

21.00 Uhr

Das Gebet des Papstes an der Mariensäule kommentieren meine Kollegen aus der Kirchenredaktion. Danach übernehmen wieder wir. Während Papst Benedikt Politiker empfängt, wird geschaltet und frei improvisiert bis 21 Uhr. Der erste Tag ist geschafft. Wir fahren ins Hotel. Jetzt habe ich mächtigen Hunger.

Wichtigster Programmpunkt am Ankunftstag: das Gebet des Heiligen Vaters an der Mariensäule. Dicht drängen sich Tausende von Münchnern, die den Papst in ihrer Mitte begrüßen wollen. Als er lächelnd in die Menge winkt, kommt mehr als einmal großer Jubel auf.

Golden erstrahlt im spätsommerlichen Sonnenlicht die Mariensäule auf dem Münchner Marienplatz – Mittelpunkt und »gute Stube« der Weltstadt mit Herz.

Andacht und Vorfreude

Es ist fünf Uhr und noch tiefe Nacht, als das Messegelände in München-Riem erwacht. Aus allen Richtungen strömen die Pilger auf das Feld zum Gottesdienst mit dem Papst. Impressionen aus den Stunden vor der Ankunft von Benedikt XVI.

Langsam wird es hell über der Messe in München-Riem. Die Sonne taucht das Gelände in ein traumhaftes Licht. Auch heute wird es wieder Papstwetter geben. Alles ist vorbereitet für einen denkwürdigen zweiten Besuchstag des Papstes. Dass es ein solcher wird, davon ist Helmut Wetzel schon um kurz nach halb acht Uhr morgens überzeugt. Der Diakon aus Baldham bei München wirkt angespannt. Kein Wunder: Er darf als einer der 900 Kommunionhelfer in wenigen Stunden den Leib Christi austeilen. Wetzel ist überwältigt: »Ich wurde von Erzbischof Ratzinger 1979 zum Diakon geweiht. Jetzt möchte ich mich bedanken.« Nach einer Pause fügt er hinzu: »Außerdem habe ich wie der Heilige Vater am 16. April Geburtstag. Deshalb ist dieser Ehrendienst ein Höhepunkt für mich.«

Ein Höhepunkt ist die Messe ohne Frage auch für Veronika Mair (12) und ihre Mutter Barbara (39). Die beiden aus Markt Indersdorf haben nämlich eine wichtige Fracht bei sich. Es ist das Kreuz, das Friedrich Kardinal Wetter den Jugendlichen bei der Korbinians-

wallfahrt 2005 in Erinnerung an den XX. Weltjugendtag übergab. Die Mairs jubelten schon am Tag zuvor auf dem Marienplatz, Mutter und Tochter sind bereits seit 26 Stunden auf den Beinen. Überhaupt tauchen gegen acht Uhr viele Gesichter vom Samstagabend wieder auf. Auch die grünen »Ad gentes«-Kappen sind an etlichen Stellen zu sehen.
Dabei sind Mützen inzwischen überflüssig, die Temperaturen zeigen sich angenehm warm.
Bei der Laudes um kurz nach halb neun Uhr bittet Weihbischof Bernhard Haßlberger: »Öffne uns die Herzen«. Und tatsächlich wird die Atmosphäre immer feierlicher. Zehn Minuten später folgt der Auftritt der Schützenvereine. In Tracht und Gleichschritt marschieren sie an den Absperrgittern vorbei.
Überhaupt ist Tradition an der Tagesordnung, Bayern präsentiert sich klassisch, ein Großteil der Gläubigen kommt in Lodenjanker und Dirndl. Marianne Steindlmüller trägt einen prächtigen goldschwarzen Hut, die kunstvollen Bänder reichen fast bis zum Boden. Dazu der bayernblaue Rock und Rosen im Dekolleté – die 54-Jährige trägt ihre Tracht mit Stolz: »So zeigen wir noch deutlicher den Kontakt zum Heiligen Vater. Das ist mein persönlicher Willkommensgruß.« Bald darf die Frasdorferin den Heiligen Vater mit Jubel und Applaus begrüßen, denn Benedikt XVI. beginnt in diesen Minuten seinen Weg vom Erzbischöflichen Palais zum Messegelände in Riem.

Oben links: Etwa 250 000 Gläubige haben sich auf dem Gelände in München-Riem versammelt.

Oben rechts: Die Vorfreude auf den Papst ist groß.

Unten rechts: Viele Jugendliche haben sich wochenlang vorbereitet.

Großes Bild Seite 38: Das lange Warten auf Benedikt XVI. – unter den Besuchern herrscht gespannte Erwartung und Vorfreude.

»Das Soziale und das Evangelium sind nicht zu trennen«

Bei seinem ersten großen Gottesdienst an der Neuen Messe München findet Papst Benedikt XVI. viele bayerische Freunde und deutliche Worte an die deutschen Katholiken.

Es ist der erste Morgen, an dem Papst Benedikt XVI. in seiner bayerischen Heimat aufwacht. Wieder strahlt die Sonne über München, die Innenstadt wirkt wie ausgestorben. Ganz anders dagegen das Bild auf dem Freigelände der Neuen Messe München. Inzwischen haben sich dort die erwarteten 250 000 Menschen versammelt, um mit ihrem Papst Eucharistie zu feiern, ganz nach dem Motto, unter das Benedikt XVI. seine Heimkehr gestellt hat: »Wer glaubt, ist nie allein.« Kurz vor neun Uhr, Rosenkranz und Morgenlob sind beendet, kehrt nahezu andächtige Stille auf dem riesigen Gelände ein, als die Menschen über Videoleinwände verfolgen können, wie sich der Papst in seinem gepanzerten BMW auf den Weg vom Erzbischöflichen Palais zur Messe macht. Gut zwanzig Minuten später erreicht er das Messegelände. Dort steigt er um ins Papamobil und fährt winkend und segnend durch die Reihen. Vor allem die Jugendlichen rufen immer wieder »Be-ne-det-to!« Danach zieht sich der Papst in die Sakris-

teiräume unterhalb der Altarinsel zurück, um sich auf die Messe vorzubereiten.
Sechs Meter hoch erhebt sich der eigens für diesen Anlass schlicht gebaute Gottesdienstraum, in dem das Enghausener Kruzifix, das älteste Monumentalkreuz der Welt, besondere Präsenz ausstrahlt. Die ebenso würdige wie unprätentiöse Altarinsel bietet den passenden Rahmen für einen Gottesdienst, wie ihn sich Papst Benedikt XVI. gewünscht hat: einfach, ohne Pomp, getreu den liturgischen Vorgaben für diesen dreiundzwanzigsten Sonntag im Jahreskreis. Also ziehen wenige Minuten vor zehn Uhr Papst Benedikt XVI. und mit ihm rund 60 Bischöfe und Kardinäle, unter ihnen Kardinal Jean-Marie Lustiger aus Paris und der ehemalige Sekretär von Papst Johannes Paul II. und heutige Erzbischof von Krakau, Stanislaw Dziwisz, in grünen liturgischen Gewändern ein. Den Beginn der Messe läutet die Benedikt-Glocke ein. Die 260 Kilogramm schwere Glocke hat die Stadt Traunstein dem Papst geschenkt. Er wiederum schenkte sie dem Studienseminar St. Michael, das er in seiner Jugendzeit selbst besucht hatte. Zum Einzug singen 333 Sängerinnen und Sänger des Münchner Domchores das bekannte Kirchenlied »Lobe den Herren«.
Wie immer bei großen Gottesdiensten weicht der päpstliche

Oben links: Viele Gemeindemitarbeiter sind gekommen, wie die Ministranten von Don Bosco.

Oben rechts: Gebet und stille Andacht sind für die Jungendlichen selbstverständliches Bedürfnis.

Unten rechts: Alle sind gekommen; auch die, denen es vielleicht nicht so leicht fällt.

Großes Foto Seite 40: Der große Altar mit dem berühmten Enghausener Kruzifix gibt einen würdigen Rahmen für die Eucharistiefeier ab.

Oben links: Papst Benedikt XVI. in vollem Ornat mit Mitra und Hirtenstab.

Oben rechts: Die Einbindung der Gläubigen ist fester Bestandteil des Wortgottesdienstes.

Unten links: Musikalisch begleitet wird die Messfeier von den 333 Sängern und Sängerinnes des Münchner Domchores.

Unten rechts: Der Diakon zieht in feierlicher Prozession mit dem Evangeliar für die Verkündigung der Frohbotschaft zum Ambo.

Zeremonienmeister, Erzbischof Piero Marini, dem Heiligen Vater nicht von der Seite. Unmittelbar am Altar konzelebrieren der scheidende Kardinalstaatssekretär Angelo Sodano, der Vorsitzende der Deutschen Bischofskonferenz, Karl Kardinal Lehmann, der Kölner Kardinal Joachim Meisner sowie der Münchner Erzbischof Friedrich Kardinal Wetter, der als Gastgeber den Papst auch offiziell begrüßt hatte.

Der Wortgottesdienst wird geprägt vom Markusevangelium über die Heilung eines Taubstummen, dem Jesus mit den Worten »Effata!« (»Öffne dich!«) die gelähmte Zunge löst. In der ersten großen Predigt seines Besuchs nimmt Benedikt XVI. Bezug auf das Evangeliumsthema, indem er in unserer Zeit eine »Schwerhörigkeit Gott gegenüber« feststellt. Unter dem Beifall der Gläubigen lobt der Papst die Großzügigkeit der deutschen Katholiken bei sozialen Projekten, mahnt aber mit deutlichen Worten eine stärkere Hinwendung zum Wesentlichen des Glaubens, dem Evangelium, an: »Das Soziale und das Evangelium sind nicht zu trennen.« Er habe jedoch die Erfahrung gemacht, dass das in der katholischen Kirche in Deutschland nicht immer so gesehen werde: »Offenbar herrscht da

doch bei manchen die Meinung, die sozialen Projekte müsse man mit höchster Dringlichkeit voranbringen; die Dinge mit Gott oder gar mit dem katholischen Glauben, die seien doch eher partikulär und nicht gar so wichtig.«
Die anschließende Gabenbereitung leitet die eigentliche Eucharistiefeier ein. Neben Brot und Wein bringen Jugendliche, Frauen und Männer weitere Gaben zum Altar, die das vielfältige Leben in der Erzdiözese München und Freising verdeutlichen. So bringen eine Schülerin der elften Klasse und eine Kunstlehrerin des Münchner Theresia-Gerhardinger-Gymnasiums, das von den Armen Schulschwestern geführt wird, ein Mosaik des geheilten Taubstummen mit dem Titel »Effata« zum Altar.
Die Austeilung der Kommunion ist eine »logistische« Herausforderung: Über 900 Kommunionhelfer, die von jeweils einem Ministranten begleitet werden und mit einem gelben Schirm kenntlich gemacht sind, nehmen an den zwanzig eucharistischen Kapellen die Hostien entgegen und teilen sie an die versammelte Gemeinde auf dem gesamten Gelände aus.
Nach Ende des Gottesdienstes betet Papst Benedikt XVI. mit den Gläubigen den traditionellen Angelus, den »Engel des Herrn«. Mit dem großen Te Deum, dem Lied »Großer Gott, wir loben dich« endet der erste große Gottesdienst von Papst Benedikt XVI. auf seiner Bayernreise.
Auf die 250 000 jubelnden Pilger wartet nun ein mühevoller Rückweg, auf Benedikt XVI. dagegen der geliebte Kalbstafelspitz, den ihm Bruder Erich vom Klostergasthof Maria Eck in Siegsdorf im Erzbischöflichen Palais zubereiten wird.

Papst Benedikt XVI. zelebriert die Messe. In seiner Predigt spricht der Heilige Vater über ein Wort aus dem Markusevangelium. Er münzt es um auf die heutige Zeit, der er eine »Schwerhörigkeit Gott gegenüber« attestiert.

Die Altarinsel in München

Sechs Meter hoch, 70 Meter breit, überspannt von einem 850 Quadratmeter großen Kunststoffdach: Das ist die Altarinsel des Gottesdienstes an der Neuen Messe München. Geplant hat sie der Münchner Bistumsarchitekt Maximilian Kinseher.

Diese Seite: Für die Eucharistiefeier wird auf dem Riemer Messegelände in München eine riesige Altarinsel aufgebaut, die mehr als 270 Menschen Platz bietet. Sie soll zum einen dem Papst und den unmittelbar am Gottesdienst Beteiligten Schutz vor den Unbilden des Wetters gewähren und zum anderen den Zuschauern eine gute Sicht auf das Geschehen ermöglichen. Auch eine Glocke, die die Gläubigen zur Messe ruft, darf nicht fehlen (rechtes Bild).

Rechte Seite: Viele Münchner nutzen die Ferienzeit vor dem Papstbesuch zu einem Ausflug auf das ausgedehnte »Messe-Gelände«. Viele Mitarbeiter der Organisation sind im Vorfeld Tag und Nacht im Einsatz, um zu gewährleisten, dass alles rechtzeitig fertig wird.

Als Papst Benedikt XVI. seinen alabasterweißen Sitz auf der Altarinsel eingenommen hatte, wusste Maximilian Kinseher, dass er das »Highlight« seiner Karriere erfolgreich gemeistert hatte. Kinseher ist Architekt im Erzbischöflichen Ordinariat München-Freising. Er verantwortete die Technik zur Papstmesse an der Neuen Messe München am 10. September 2006.

Die gigantische Altarinsel, auf der Papst Benedikt XVI. den Gottesdienst in seinem früheren Bistum feierte, war das architektonische Herzstück: Sechs Meter hoch und über 70 Meter breit, bot sie mehr als 270 Personen Platz. Durch eine raffinierte Aufteilung in drei Ebenen wurde gewährleistet, dass der Papst nicht zu übersehen war. Hinter Benedikt XVI. hing das Enghausener Kreuz. Mit seinen

über 1100 Jahren ist es das älteste lebensgroße Kruzifix überhaupt. Für den Besuch des Papstes ließ man es eigens aus der Kirche in Enghausen (bei Freising) nach München bringen. Über dem Heiligen Vater, in gut 22 Meter Höhe, war eine mächtige Dachhaut gespannt, gut 850 Quadratmeter groß. Sie sollte die Kardinäle und den liturgischen Dienst vor Regen schützen. Die Insel war ein Altarraum der Superlative.
Die Errichtung der 800 000 Euro teuren Altarinsel dauerte nur sechs Wochen. Auch das schlechte Augustwetter in Bayern machte Maximilian Kinseher und seinem Team kaum zu schaffen: »Für unseren Benedikt XVI. hat jeder noch einmal eine Schippe draufgelegt«, sagte der Münchner Bistumsarchitekt.
Die Planungen zu dem gewaltigen Aufbau brauchten etwa ein halbes Jahr Vorlaufzeit, es musste schließlich an weit mehr als an Ambo und Altar gedacht werden. So befanden sich, vor den Augen der Öffentlichkeit verborgen, im Bauch der Insel mehrere Räume. Zwei Sakristeien – eine für den Papst, eine für die Bischöfe – wurden ebenso integriert wie ein großer Technikraum und sanitäre Anlagen. Nach der gut zweistündigen Messe hat die Insel nun für etwa vier Jahre ausgedient: Altar und Dach wird das Ordinariat wieder verwenden; 2010 sollen sie beim Ökumenischen Kirchentag in der bayerischen Landeshauptstadt zum Einsatz kommen.
Für Kinseher allerdings war mit dem Ende des Papstgottesdienstes auch das Ende seiner Mission erreicht, eine Aufgabe, die den Projektleiter bis in die Nacht verfolgte: »Ich habe davon geträumt, manchmal konnte ich gar nicht schlafen vor Nervosität. Aber jetzt bin ich einfach nur glücklich. Ich habe mein Stück zu diesem denkwürdigen Ereignis beigetragen.«

»Wir wollen das Leben in Fülle haben!«

Bei der Vesper im Münchner Liebfrauendom stärkt Papst Benedikt XVI. Eltern, Kinder, Lehrer und Seelsorger im Glauben und verabschiedet sich bewegt aus München.

Ein kleiner Junge in der ersten Reihe hinter der Absperrung bricht den Bann. Eigentlich ist geplant, dass Papst Benedikt XVI. und sein Gefolge zügig die letzten Meter vom Papamobil in den Münchner Liebfrauendom zur Vesper mit 2500 geladenen Gästen zurücklegen, da streckt der Junge dem bayerischen Papst seine Hände entgegen. Benedikt XVI. zögert nur kurz, dann wendet er sich ihm zu, nimmt seine Hände und segnet ihn. Danach gibt es kein Halten mehr: Jetzt nimmt und genießt der Heilige Vater das Bad in der Menge, er schüttelt unzählige Hände, er erkennt alte Bekannte, er segnet Männer und Frauen und küsst kleine Kinder. Dabei lacht und scherzt Benedikt XVI. und strahlt über das ganze Gesicht. Seit gestern ist der Papst zu Hause. In diesem Moment vor seiner ehemaligen Bischofskirche merkt man es ihm am deutlichsten an. An der Hauptpforte des Liebfrauendoms wird der Papst vom Domkapitel des Erzbistums mit Weihbischof Engelbert Siebler an der Spitze begrüßt. Sein erster Weg führt Benedikt XVI. in die Sakramentenkapelle. Dort verharrt er einige Momente im Gebet. Ebenso in diesem persönlichen Augenblick in der Krypta, in der seine drei Vorgänger im Bischofsamt, die Kardinäle Faulhaber, Wendel und Döpfner, begraben sind.

Linke Seite: Der Heilige Vater segnet bei der Vesper im Liebfrauendom die Kommunionkinder.

Zur Vesper sind 400 Kommunionkinder, ihre Eltern sowie Religionslehrer, Gemeinde- und Pastoralreferenten geladen. Es ist ein schönes Bild, wie sich Hunderte Kinder in ihren Kommunionkleidern rund um den Altar im Dom niedergelassen haben. Ihnen allen möchte Papst Benedikt XVI. das ganz konkret näherbringen, was er bei der Predigt an diesem Morgen angemahnt hat: die Wiederentdeckung des christlichen Glaubens. So wendet er sich an die Kinder und ermutigt sie: »Du kannst zu Gott Du sagen!«. Die Eltern lädt er ein, »euren Kindern glauben zu helfen«, durch den Besuch des Sonntagsgottesdienstes etwa. Der Papst sagt an die Familien gewandt: »Das Leben wird festlicher und größer, wenn Gott dabei ist!« Er spricht zu den Religionslehrern und Seelsorgern in den Pfarreien und ruft ihnen am Ende seiner Predigt zu: »Wir wollen das Leben in Fülle haben!« Deutlich ist zu spüren: Hier ist Papst Benedikt XVI. in seinem Element. Sein großes Thema, die Wiederentdeckung des christlichen Glaubens, hat er bei dieser Vesper mit Menschen geteilt, die ihm besonders am Herzen liegen: mit Familien, mit Kindern, mit Lehrern und engagierten Menschen aus den Pfarrgemeinden. Mit der ausführlichen Begrüßung der Menschen vor dem Dom, dem stillen Gebet am Grab seiner drei Vorgänger im Amt des Münchner Bischofs, den Kommunionkindern um den Altar und der ebenso einfachen wie eindrucksvollen Predigt nimmt Papst Benedikt XVI. Abschied von München und den Münchnern.

Oben: Die Kommunionkinder gestalten den Gottesdienst mit.

Unten: Der Liebfrauendom ist gut gefüllt.

Der Papst und die Kinder

Wo auch immer Papst Benedikt XVI. auftaucht, ist er schnell von Kindern umringt. Unvergesslich wird uns allen das Bild bleiben, wie er die 400 Kommunionkinder bei der feierlichen Vesper in der Münchner Frauenkirche segnete.

Überall, wo sich der Papst in diesen Tagen den Menschen zuwendet, die seinen Weg säumen, sind es vor allem die Kinder, auf die Benedikt XVI. zugeht. Ob auf dem Weg zur Vesper im Liebfrauendom oder auf dem Weg zum Gottesdienst in Altötting, wo immer der Heilige Vater eine Gelegenheit hat, Kinder zu segnen oder mit Jungen und Mädchen zu sprechen, nimmt er diese Gelegenheit freudig wahr. Schon als Erzbischof und Kardinal setzte er sich für den Schutz der Familie ganz besonders ein. Und seit er Papst ist, trifft er auf Reisen und im Urlaub häufig mit Kinder- und

Linke Seite: Der Papst liebt die Kinder, und die Kinder lieben ihn. Voller Stolz präsentiert der fünfjährige Francesco dem vorbeifahrenden Papst seinen Willkommensgruß: Das Puzzle von Benedikt XVI. ist fast größer als er selbst.

Links: Die lange Zeit in der Sonne macht dem Mädchen während des Gottesdienstes in München-Riem sehr zu schaffen, doch das hält sie nicht davon ab, das Geschehen am Altar aufmerksam zu verfolgen.

Unten: Bevor Papst Benedikt XVI. mit dem Münchner Erzbischof Wetter in sein Papamobil steigt, segnet er voller Freude einen kleinen »Fan« am Straßenrand.

Jugendgruppen zusammen. Er ist immer »glücklich, mitten unter jungen Menschen zu sein«, sagt Benedikt XVI.
Die Mitfeier des Weltjugendtages in Köln im Jahr 2005 war ihm ein inneres Anliegen. Der Jugend der Welt wollte er ein deutliches Signal geben für einen neuen Aufbruch: »Die wirkliche Revolution besteht allein in der radikalen Hinwendung zu Gott, der das Maß der Gerechten und zugleich die ewige Liebe ist.«
Für sich persönlich sah er allerdings in der Lebensform Familie niemals eine Option: »Ein direktes Verlangen nach einer Familie, so weit sind meine Planungen nicht gediehen.«

Der letzte Auftritt des Papstes in der Landeshauptstadt

Eine feierliche Vesper mit jungen Familien im Münchner Liebfrauendom bildet einen würdigen Abschluss für den Besuch von Benedikt XVI. in der Landeshauptstadt und beendet die erste Station seiner Reise durch Bayern.

Oben: Papst Benedikt XVI. predigt vor 400 erwartungsvollen Kommunionkindern. Sein großes Thema ist die Wiederentdeckung des christlichen Glaubens. Seinen Zuhörern ruft er am Ende zu: »Wir wollen das Leben in Fülle haben!«

Links: Der Heilige Vater verlässt mit seinem Gefolge nach der Vesper die Frauenkirche.

Links: Vor der Vesper sucht der Heilige Vater die Nähe zu den Gläubigen. Er ergreift und schüttelt viele Hände, die sich ihm begierig entgegenstrecken. Die Freude, die er dabei hat, ist ihm deutlich anzusehen.

Unten: Der Vespergottesdienst ist mit ziemlicher Sicherheit der letzte, den Benedikt XVI. in München gehalten hat. Ob er noch einmal an seine alte Wirkungsstätte zurückkehren wird, ist ungewiss.

Oben: Sicher und fest im Glauben und eins mit sich ist der Papst ein Mann, der stets mit seinen Aufgaben gewachsen ist.

Wer glaubt, ist nie allein – Glauben schafft Gemeinschaft

von Urs Buhlmann

»Der kann ruhig daheim bleiben.« Das ist eine der Reaktionen auf den Besuch Papst Benedikts XVI. bei einer Straßenumfrage Ende August. Aber auch: »Ich freue mich auf ihn, er hat etwas zu sagen.« Eine Passantin meinte: »Der Papst ist den Menschen so nahe wie möglich und so reserviert wie nötig. An uns ist es, mehr Herz zu zeigen.«
Im strahlenden Spätsommer des Jahres 2006 traf Benedikt XVI. auf ein Nebeneinander von Zuneigung und Gleichgültigkeit, als er zum zweiten Mal nach seiner Wahl in seiner bayerischen Heimat deutschen Boden betrat.
Entgegen manchen Erwartungen ist nach Papstwahl und Weltjugendtag keine neue Welle religiöser Begeisterung durch Deutschland gegangen. Die Kirchen werden nicht voller, Priesterseminare und Klöster füllen sich – von wenigen Ausnahmen abgesehen – nicht. Die bereits seit Jahrzehnten anhaltende De-Christianisierung ist bisher nicht zu einem Stillstand gekommen; sie geht weiter, wenn auch seit einigen Jahren gebremst.
Denn es gibt auch Gegenbewegungen: Von Seelsorgern hört man, dass etwa seit Beginn des Jahrtausends manche Kurven der Tabellen nicht mehr weiter steil nach unten gehen. Gerade im Heimatland des Papstes ist wegen des deutschen Kirchensteuer-Systems nachgewiesen, dass die Austrittszahlen geringer und die Wiedereintritts-Zahlen, allerdings auf bescheidenem Niveau, stärker werden. Manche Bistümer und Klöster haben wieder mehr Nachwuchs, wenngleich klar ist, dass das bisherige System flächendeckender Seelsorge in wenigen Jahren nur noch mit allergrößter Mühe aufrechtzuerhalten sein wird.
Bei den Orden werden wohl die kommenden Jahrzehnte für manche Kongregationen, besonders von Ordensschwestern, das Ende bringen. Allgemein gilt, dass insbesondere diejenigen Orden Nachwuchs zu verzeichnen haben, die in Lebensstil und Gottesdienstgestaltung gediegene Formen pflegen und den nach dem II. Vatikanischen Konzil einsetzenden Traditionsabbruch nicht mitgemacht haben.
Generell scheint sich die geistige Großwetterlage wieder zu ändern, es gibt ein neues Interesse an Religion. Vieles davon bleibt freilich diffus, eher vage auf die Frage nach dem »Sinn des Ganzen« gerichtet. Die Kirche profi-

Die Begeisterung für den Papst ist groß. Auch seine Botschaft wird mit Freude angenommen.

tiert noch nicht direkt davon, hat aber wieder eine Chance, sich und ihre Botschaft zu präsentieren. Damit sind nur einige Striche zum Bild der innerkirchlichen Situation angedeutet, die der Heilige Vater im September 2006 vorfand.
Ein zweiter, nicht minder ernster Befund ergibt sich, wenn man auf die innere Verfasstheit der Deutschen schaut, auf das also, was ihnen wichtig ist und woraus sie leben.
Seit der Wende zum Subjektivismus, die in der neuzeitlichen Philosophie mit dem Namen René Descartes verbunden ist, ist man davon überzeugt, dass der Mensch fähig ist, die Vorstellung von den Dingen, also das, was man »Wirklichkeit« nennt, in sich selbst zu finden. Die Gefahr ist groß, dass eine derartige Form von »Bewusstseinsphilosophie« (W. Hoeres) Menschen dazu verleitet, wie das Kaninchen auf die Schlange vor allem auf das eigene Bewusstsein, das eigene Ich zu schauen. Damit kommt eine ganz neue Dimension seelischer Erlebnisse in den Blick, nämlich die Gefühle. In der klassischen abendländischen Philosophie waren sie mehr Begleiterscheinungen, die einen bei der Suche nach der Wahrheit nicht behinderten. Nun aber verschiebt sich die Such- und Erwartungshaltung vom Objektiven auf das Subjektive. Wichtig ist, was »mir gut tut«, nicht mehr die Suche nach dem objektiv Guten, das in der christlichen Tradition mit Gott gleichzusetzen ist. So hat die Frömmigkeit, besonders in den letzten Jahrzehnten, bei manchen Christen einen gleichsam willkürlichen Zug angenommen: Verstand man noch bis in die zweite Hälfte des letzten Jahrhunderts den katholischen Gottesdienst als objektiven Kult des höchstes Gottes, der in jedem Fall zu verrichten ist, so ist seitdem zunehmend bedeutsamer geworden, wie es »mir dabei geht« und ob sich auch ein subjektives Wohlbefinden einstellt. Ist das nicht der Fall, so erstellt man eigene Vorgaben, experimentiert gerne und sieht sich dann weniger und weniger in der Pflicht, Gott die Ehre zu geben.

Die Menschen sollen Gott neu entdecken, das ist ein Hauptanliegen des Heiligen Vaters, der hier die Kommunion spendet.

Der Mensch stellt sich bei all dem gleichsam immer mehr auf sich selbst, findet seinen Selbststand also nicht mehr in Gott. Mit anderen Worten: Viele Gläubige verstehen sich nicht mehr in erster Linie als Glieder der Kirche, in die sie durch die Taufe eingegliedert wurden, sondern immer mehr als Partner ihres Bruders Jesus, der gelegentlich fast schon auf eine »Kumpel-Ebene« herabgezogen wird. Das aber kann dazu führen, dass das Christentum Gefahr läuft, zum bloßen Menschen-Dienst statt zum Gottes-Dienst zu werden (J. Ratzinger). Damit sind nur einige der Facetten angedeutet, die zum geistigen Bild unserer Zeit gehören, vor dessen Hintergrund der Papst nun seinen zweiten Besuch bei uns abgestattet hat.

Wer glaubt, ist nie allein

Dieser Papst, der stets an der Forderung festgehalten hat, dass der Glaube mit der Vernunft zu vereinbaren ist, hatte über seinen Besuch in Bayern das Wort aus der Predigt bei der Einführung in sein Amt am 25. April 2005 gesetzt: *Wer glaubt, ist nie allein.* Sein Ziel war es, herauszustellen, dass das Christentum in einer vielfach als kalt empfundenen Gesellschaft zu einer positiven Option und zu einer Kontrasterfahrung wird, dass es wie ein brennendes Herdfeuer Wärme und Geborgenheit geben kann. Wer an einem gewöhnlichen Sonntagvormittag irgendwo bei uns ein Fitnessstudio betritt, wird erstaunt sein: Es ist richtig voll, an den Standfahrrädern strampeln die Menschen. Meist ist es die Generation zwischen 25 und

50, die bei den zur selben Zeit stattfindenden Gottesdiensten fehlt. Manche Beobachter gehen so weit, daraus den Schluss zu ziehen, dass in unserer Zeit Fitnessstudios zu neuen Tempeln geworden sind, in denen der Gesundheit Opfer gebracht werden. Wer genauer hinschaut in den immer schicker gestalteten Sporthallen, dem fällt noch etwas auf: Die Einsamkeit grassiert an diesen Orten, die durch laute Musik und die hektische Fröhlichkeit der Animateure doch eher den Eindruck von Lebenslust hervorrufen wollen. Jeder frönt für sich dem schweißtreibenden Tun. Es fällt schon schwer, in den Umkleideräumen einen Gruß zu sagen oder zu erhalten. Viele der Anhänger der neuen »Wellness-Religion« machen nicht gerade den Eindruck, besonders glücklich zu sein, gilt es doch, der Idealfigur hinterherzuhecheln, den Körper immer besser in Form zu bringen. Denn nur, wer auf dem Attraktivitätsmarkt zu bestehen vermag, darf mit sich selbst zufrieden sein und kann darauf hoffen, einen ähnlich »attraktiven« Partner zu erobern.

Bischöfe und Kardinäle aus aller Herren Länder feiern den Gottesdienst mit – sichtbares Zeichen für die Gemeinschaft der Kirche.

In Zeiten der Klimaerwärmung tut sich in den westlichen Industriestaaten so etwas wie eine neue »Eiszeit« auf. Wirklich glücklich damit ist im Grunde seines Herzens wohl niemand, allein, es fehlt die Kraft, den Abgrund vom Ich zum Du zu überspringen.

Und nun das Oberhaupt der katholischen Kirche mit seiner fast schon naiven Botschaft: *»Wer glaubt, ist nie allein.«*

Benedikt XVI. nimmt mit dieser Feststellung, die zugleich Aufruf ist, ein wesentliches Anliegen seiner bisherigen Verkündigung auf. Wiederholt hat der jetzige Papst zwei Tatsachen in Erinnerung gerufen: *Es gibt Gott, und er kümmert sich um uns Menschen, selbst wenn wir ihn verlassen.*

Und: *Wichtigste Aufgabe der Theologie und damit der christlichen Kirche ist es, von Gott zu sprechen.*

Auf das eine wollte er bei seinem Bayernbesuch erneut aufmerksam machen, das andere der Kirchenöffentlichkeit noch einmal ins Stammbuch schreiben. Der eine Teil der Botschaft ist so mehr nach außen, der andere eher nach innen gerichtet.

Liest man sorgfältig den Text des Interviews, das der Heilige Vater wenige Wochen vor seinem erneuten Kommen dem Bayerischen Rundfunk und weiteren Sendern gab, so unterscheidet der Papst zwischen dem Grund seines Besuches in Bayern und dessen Themen.

Der Grund, menschlich nachvollziehbar bei einem Mann, dessen Leben durch die Wahl 2005 eine ganz neue Wendung genommen hat, ist der Wunsch, noch einmal die Stätten der Kindheit und Jugend zu sehen.

Aber weiter sagte er am 5. August in Castel Gandolfo: *Das Grundthema ist eigentlich, dass wir Gott wieder entdecken müssen und nicht irgendeinen Gott, sondern den Gott mit einem menschlichen Antlitz, denn wenn wir Jesus Christus sehen, sehen wir Gott.* Gar nicht einfach sei dies heute: *Glaube ist schwierig geworden, weil die Welt, die wir antreffen, ganz von uns selber gemacht ist und sozusagen Gott in ihr nicht mehr direkt vorkommt.*

Benedikt spricht ein Thema an, für das er in der ganzen westlichen Welt um Aufmerksamkeit wirbt, in der er eine Kälte Gott gegenüber konstatiert. Er weiß dabei sehr wohl, dass die Suchbewegungen, insbesondere der Jüngeren, vielfältig sind, meist aber eher unbestimmt und nicht speziell auf die christliche Botschaft bezogen.

So ging es Papst Benedikt bei seinem Wiedersehen mit der bayerischen Heimat nicht nur um ein Bekenntnis zu seinen Wurzeln, sondern auch um eine

Selbstvergewisserung dessen, wofür Kirche da ist. Noch einmal in seinen Worten aus dem Pressegespräch vor dem Besuch: *Aufgabe der Kirche ist es, Gott zu bezeugen, in einer Welt, die sich schwer tut, ihn zu finden, den Gott mit dem menschlichen Antlitz Jesu Christi. Er möchte den Menschen so den Zugang zu den Quellen geben, ohne die die Moral verkümmert und ihre Maßstäbe verliert, und die Freude geben, dass wir nicht isoliert sind in der Welt.*
Da taucht noch einmal das Gemeinschaftsmotiv auf, das der Heilige Vater auch in der Wahl des Besuchsmottos zum Ausdruck brachte. Glaube bedeutet für den Theologen Ratzinger eben wesentlich die Pflege von Gemeinschaft, zunächst mit Gott und dann auch untereinander. Ganz klar, dass ein solcher Glaube, der sich immer neu aus der Quelle einer lebendigen Gottesbeziehung speist, nicht sich selbst genügen, sondern ausstrahlen und in die Welt hineinwirken will. Damit führt der Pontifex ein neues Element ein:

Aus ganz Europa sind Katholiken gekommen, um den Papst persönlich zu treffen und ihre Grüße zu übermitteln.

Wenn es stimmt, dass Glaube aus der Gemeinschaft mit Gott stammt und zur menschlichen Gemeinschaft der Gläubigen führt, dann stimmt auch, dass der Glaube sich mitteilen, ausstrahlen will. Er traut also dem Christentum nach wie vor und auch in unseren Breitengraden eine missionarische Kraft zu und wollte mit seinem Besuch dazu beitragen, diese zu wecken.
Am Sonntag, dem 10. September, auf dem Gelände der Neuen Messe in München-Riem entwickelte Benedikt diese Gedanken in der Predigt, die das Evangelium von der Heilung des Taubstummen behandelte, so: Es gäbe nicht nur die physische Gehörlosigkeit, begann der Papst. *Auch Gott gegenüber seien viele Menschen taub geworden. Wir können ihn einfach nicht hören, zu viele Frequenzen haben wir im Ohr.* Dann aber, fuhr Benedikt XVI. fort, fehle uns Menschen eine entscheidende Wahrnehmung. Wer sich Gott verschließt, erfahre nämlich eine *drastische Einschränkung unserer Beziehung zur Wirklichkeit.*
Das Effata-Wort Jesu, die Aufforderung, sich zu öffnen, galt also nicht nur dem leidenden Menschen damals, sondern richtet sich auch an die Menschheit des 21. Jahrhunderts. Gott spreche durch Jesus Christus diesen Ruf zum Hören und Verstehen weiterhin aus. Dabei dränge sich der Glaube an Gott niemals auf, dies sei dem Wesen des Christentums geradezu fremd. Er ist in erster Linie Angebot, aber ein Angebot, das man nicht leichtfertig ausschlagen solle. *Die Welt braucht Gott, wir brauchen Gott. Welchen Gott? Jesus, dessen Rache das Kreuz ist*, beschloss der Heilige Vater in einer kühnen theologischen Wendung seine Predigt in Riem, Jesus, der das Nein zur Gewalt bis zum Ende ausgehalten habe. Es waren also klassische Themen im Denken Joseph Ratzingers, die bei seinem zweiten Besuch in der Heimat den theologischen Ton angaben. Denn dieser Papst sucht nicht das Außergewöhnliche in Auftritt und Inhalt; er trägt in seiner liebenswürdig-zurückhaltenden Art, aber mit Nachdruck, den Menschen immer wieder das Angebot des Glaubens vor, des Glaubens an einen Gott, der uns Menschen kennt und liebt, weil er in Jesus selbst Mensch geworden ist.

Vom Messegelände zum Dom und weiter nach Altötting

von Martin Posselt

3.30 Uhr

Der Wecker klingelt um 3.30 Uhr. Aber schon zwanzig Minuten früher werde ich wach. Erst nach Mitternacht waren wir ins Bett gekommen. Um 4.30 Uhr wandern wir zu Fuß zu unserem nächsten Arbeitsplatz am Rande des Riemer Messegeländes. Wir kommen an der U-Bahn-Station vorbei. Sie ist fast leer.
Das weite Feld rund um den Papstaltar füllt sich langsam. Das von vielen befürchtete Verkehrschaos bleibt aus.

6.00 Uhr

Es herrscht bittere Kälte, als wir um sechs Uhr auf Sendung gehen. Gut, dass ich im letzten Moment eine Weste eingepackt habe.
Aber als die Sonne aufgeht, wird es ein herrlicher Tag. Bei der Übertragung des Vorprogramms zur Papstmesse moderieren Peter Mezger und ich, während meine Kollegin Andrea Kammhuber und Pfarrer Erwin Albrecht die Gebete kommentieren.

Konzentrierte Stille

Während der Messe habe ich Zeit, auf das Gelände zu gehen und der Predigt des Papstes zu lauschen. Die konzentrierte Stille einer Viertelmillion Menschen zu erleben, ist beeindruckend.

14.00

Gegen 14 Uhr wandern wir zu unseren Kleinbussen, die uns zum Dom bringen. Die Nachmittagssendungen werden vom Frauenplatz aus moderiert. Ich trenne mich vom Team, da ich noch einen Interviewtermin mit Kardinal Wetter habe. Mit Mühe schlage ich mich auf dem Rückweg durch die Menschenmenge zum Podium durch. Zwei Minuten vor Sendebeginn stehe ich auf meinem Platz. Der unermüdliche Peter Mezger hätte das auch ohne mich hingekriegt. Von Samstagmittag bis Sonntagabend verbringt er 15 Stunden als Anchorman live vor der Kamera! Ein Wert fürs Guinessbuch der Rekorde.

Weiterfahrt nach Altötting

Gegen 21 Uhr fahren wir von München nach Altötting. Dort angekommen stellt Peter Mezger fest, dass beim Gepäcktransport seine gesamten Sakkos im Hotel in Riem liegen geblieben sind. Um sieben Uhr früh beginnt die nächste Sendung.

Seite rechts: 250 000 Menschen reisen nicht nur aus ganz Bayern, sondern aus allen Teilen Deutschlands und aus dem Ausland zur großen Papstmesse in München an, wie auch diese Pilgerin.

10. September 2006

Zusammen mit Bischöfen und Kardinälen aus Deutschland und der ganzen Welt konzelebriert der Heilige Vater am Sonntag den Gottesdienst auf der Münchner Neuen Messe.

»Einmal den Papst erleben!«

Die Einwohner von Altötting freuen sich auf »ihren« Papst Benedikt XVI., auch wenn sie ihren beschaulichen Wallfahrtsort wegen der Vorbereitungen auf den Besuch manchmal kaum noch wiedererkennen.

Während der Heilige Vater sich noch im Erzbischöflichen Palais von den Strapazen des Sonntags ausruht, geht für viele Pilger die Reise schon weiter. Noch vor dem Morgengrauen beginnt das Herz der bayerischen Marienverehrung zu schlagen, Altötting wartet auf seinen großen Tag. Eine der Ersten ist Margit Zitzelsberger. Die 43-Jährige hat sich noch vor vier Uhr von Reischau zur Fußwallfahrt nach Altötting aufgemacht. Sie will »endlich einmal den Papst erleben.« In Altötting erwartet sie eine sehr friedliche, erwartungsfrohe Atmosphäre – mancher bereitet sich schon innerlich vor, viele sind versunken ins Gebet. »Das ist Altötting!« Als zahlreiche Lämplein die Hausfassaden erhellen, kann sich Anna Kreisl nicht zurückhalten. Angesichts der wunderschönen barocken Gebäude, des großen Altars und der altehrwürdigen Gnadenkapelle – alles in einem sehr feierlichen Licht – beginnt die Eggenfelderin beinahe zu flüstern.

Linke Seite: *Unter dem prächtigen Willkommensbogen harren zahlreiche Erwachsene und Kinder der Ankunft des Heiligen Vaters. Man sieht unter ihnen wieder viele Gläubige in der traditionellen Tracht ihrer Heimat, die sie mit Benedikt XVI. teilen.*

Auch Francesco-Emmanuel Kollmeder ist überwältigt: vor Müdigkeit. Doch tapfer und voller Stolz hält der 5-Jährige ein Puzzle auf Karton hoch, es ist fast größer als der kleine Münchner selbst. Sieht man genauer hin, grüßt einen mal Papst Johannes Paul II., mal lächelt Papst Benedikt XVI. Kollmeder »liebt« sie beide. Sagt seine Mutter. Der Bub nickt dazu. Die rechte Seite des bayerischen Papstes ist noch nicht fertig – »genauso wie sein Pontifikat«, sagt Mutter Cornelia schmunzelnd und reiht sich mit ihrem Sohn wieder in den Pilgerstrom ein Richtung Kapellplatz.

Oben: Diese Schönstatt-Marienschwester hat ihr ganz persönliches »Gnadenbild« mitgebracht.

Mitte: Der Papst ist überall. Auch die Mitarbeiterinnen dieser Bäckerei sehen dem Besuch mit Freude entgegen.

Links: Für die Gläubigen ist der Papst »einer von uns«. Solche Spruchbänder zeigen die Nähe, die die Menschen zu ihm fühlen.

Der Papst ist ein Bayer

Wenn er von seiner Heimat spricht, kommt der Heilige Vater ganz leicht ins Schwärmen; sie liegt ihm immer noch am Herzen, obwohl er schon seit fast 25 Jahren in Rom lebt und sich dort auch wohlfühlt.

Benedikt XVI. bekennt sich in seinen Äußerungen gerne zu seinem bayerischen Heimatland, wie er es auch schon als Erzbischof und Kardinal getan hat. »Unser Bayernland«, schwärmte er wiederholt, »ist deswegen so schön, weil der christliche Glaube seine besten Kräfte weckt.« Im »Lebensgefühl unseres Volkes« könne man durch das christliche Erbe »jene Liberalität leben, in der Toleranz zur Anerkennung und Anerkennung zur Toleranz geworden ist«.

Es sind die Menschen in Bayern, mit ihrem beständigen Glaube und ihrem traditionellen Lebensgefühl, denen sich Benedikt XVI. immer noch verbunden fühlt – so, wie sie sich mit ihm verbunden fühlen.

Besonders lieb sind ihm die Stätten seiner Kindheit und Jugend, die Orte, an denen er seine Ausbildungsjahre verbracht hat. Unter diesen liegt ihm Altötting mit seiner Gnadenkapelle, in der sich die Statue der Schwarzen Madonna befindet, besonders am Herzen.
Schon mit seinem Vater pilgerte der junge Joseph Ratzinger häufig in den bekannten Marienwallfahrtsort. Dort reifte auch sein Entschluss, Priester zu werden. »Altötting ist das Herz Bayerns und eines der Herzen Europas«, sagte er einmal.

Linke Seite: Der Papst grüßt vom Balkon des Erzbischöflichen Palais in München die jubelnde Menge. Ihm zur Seite steht der Erzbischof von München und Freising Friedrich Kardinal Wetter.

Links: Als junger Mensch war der Heilige Vater schon fest und sicher in seinem Glauben. Gern ist er zur Schwarzen Madonna in Altötting gepilgert. Heute trifft er an diesem Ort junge Gläubige, die ihrem Idol begeistert zujubeln.

»Jeder ist in Altötting daheim«

Das sagte der Passauer Bischof Wilhelm Schraml zur Begrüßung des Papstes. Die Reise nach Altötting führt Benedikt XVI. zu den schönsten Erinnerungen seiner Kindheit.

Montag, 11. September 2006. Es ist der dritte Besuchstag von Papst Benedikt XVI. in seiner bayerischen Heimat und der dritte Tag, an dem die Sonne strahlend scheint. Um 7.57 Uhr an diesem Morgen verlässt der päpstliche Konvoi ein letztes Mal das Erzbischöfliche Palais. Abschied also aus München, seinem früheren Bischofssitz, wo die Begegnungen mit insgesamt einer halben Million begeisterter Besucher, das feierliche Willkommen und seine Erinnerungen aus dem Heiligen Vater einen sichtbar glücklichen, aber auch ein wenig wehmütigen Menschen gemacht haben.

Um 8.20 Uhr startet der Hubschrauber nach Altötting, tief im Oberbayerischen und tiefer hinein in die Vergangenheit des Joseph Ratzinger. Die Ausflüge in den Marienwallfahrtsort Altötting, die Andachten vor der Schwarzen Madonna in der kleinen Gnadenkapelle mitten auf dem Kapellplatz zählen zu seinen schönsten Kindheitserinnerungen.
Festlich geschmückt ist der gesamte 13 000-Einwohner-Ort, fünfmal so viele Menschen werden heute hier erwartet, da will sich Altötting von seinen schönsten Seiten zeigen. Zum dritten Mal kommt heute ein Papst nach Altötting, nach Pius VI. 1782 und Johannes Paul II. 1980, aber zum

Oben links: Vor dem Hintergrund der Basilika St. Anna wartet eine stattliche Menschenmenge.

Oben rechts: Der Heilige Vater winkt beim Verlassen der Kapelle den wartenden Gläubigen freundlich zu.

ersten Mal ist es ein Ehrenbürger. Im Juni 2006 hatte die Gemeinde Benedikt XVI. die Ehrenbürgerwürde verliehen, und das ist dann doch etwas, das Altötting beispielsweise München voraus hat in diesen Tagen, an denen jeder von »unserem« Papst spricht. Pünktlich um 9.00 Uhr landet der Hubschrauber auf dem Sportplatz in Altötting. Empfangen wird der Heilige Vater vom Passauer Diözesanbischof Wilhelm Schraml, Ministerpräsident Edmund Stoiber und dem Altöttinger Bürgermeister Herbert Hofauer. Die anschließende Fahrt im Papamobil wird zu einem erneuten Triumphzug durch ein gelb-weißes Fähnchenmeer und vorbei an Tausenden jubelnden Menschen. Mitten auf dem Kapellplatz steigt der Papst aus, ihm folgen Bischof Schraml und Papst-Sekretär Monsignore Georg Gänswein, die ihn im Papamobil begleitet haben. Sein erster Weg führt den Heiligen Vater in die kleine Gnadenkapelle, die an der Außenseite und im Inneren mit unzähligen Votivtafeln geschmückt ist. Vor der weltberühmten Schwarzen Madonna sinkt der Papst auf die Knie. Lange Minuten verharrt er still. Seine Lippen formulieren ein stummes Gebet.

Als er wieder nach draußen tritt, ist noch viel Zeit bis zum Beginn der Messfeier. Wieder sucht Papst Benedikt XVI. den Kontakt zu den Menschen. Wieder strahlt er, schüttelt viele, viele Hände, winkt und segnet und küsst ein kleines Kind. In solchen Momenten – wie etwa auf dem Marienplatz am Samstag oder aber am Tag zuvor vor dem Liebfrauendom – da ist der Heilige Vater besonders gelöst. Zufrieden. Zu Hause.

Als sich der Papst zur Vorbereitung der Eucharistie auf den Weg in die Sakristei macht, schwenken die Kameras auf die Altarinsel zu einem Priester, der da ganz alleine ins Gebet versunken steht: Auf Benedikt XVI., auf Joseph Ratzinger, wartet an diesem ganz besonderen Tag auch sehnsüchtig sein Bruder Georg.

Linke Seite: Nach der Ankunft wendet sich der Heilige Vater den Wartenden zu und erteilt den Eltern und Kindern seinen Segen.

»Hier tut sich der Himmel auf«

Auf dem Kapellplatz im Marienwallfahrtsort Altötting ermuntert der Papst die Menschen, den Glauben im Alltag zu verankern, und betont: »Jesus und Maria gehören zusammen.«

Hier in Altötting hat der Papst seinen Glauben entdeckt, hier liegen die Wurzeln seiner Religiosität: Wohl selten war man Benedikt XVI. in seiner Frömmigkeit so nahe wie bei der Eucharistiefeier auf dem Kapellplatz. Dazu sagt er: »Bei der Mutter des Herrn sind wir zu Hause.«
Wie schon in München zeigt der Heilige Vater alle seine Facetten: Als er zum Altar schreitet, grüßt der Papst, den Bundeskanzlerin Merkel als »der Welt zugewandt« bezeichnete, die Menge. Bei der Predigt glänzt Benedikt XVI. als brillanter Theologe.
Nach der Eröffnung um 10.25 Uhr begrüßt Bischof Wilhelm Schraml den heimgekehrten Papst, wieder sieht man ihn glücklich lächeln: »Von Kindheit an ist Ihnen Altötting ans Herz gewachsen«, sagt der Passauer Bischof. »Und Sie, Heiliger Vater, sind das den Menschen hier auch!« Der Kapellplatz jubelt. Und als der Bischof versichert: »Jeden Tag um 18 Uhr wird in der Gnadenkapelle für Sie gebetet. Das wird auch so bleiben«, da kann Benedikt XVI. seine Rührung nur schwer verbergen.
Die Schwarze Madonna an seiner Seite, die Kardinäle und Ehrengäste vor sich, die gut 70 000 Gläubigen um sich – in festlicher, aber dennoch familiärer Atmosphäre feiert der Heilige Vater anschließend die Heilige Messe. Seine Predigt in diesem Zentrum lebendiger Volksfrömmigkeit fällt dabei durchaus anspruchsvoll aus. Er spricht von Marias Bezie-

Linke Seite: Während der Messe inszeniert Benedikt XVI. den Altar, neben ihm der päpstliche Zeremoniar Erzbischof Piero Marini.

hung zu Jesus. Und wieder appelliert er an die Menschen, den Glauben im Alltag zu verankern. Denn: »Wo Gott groß wird, da wird der Mensch nicht klein: Da wird auch der Mensch groß, und da wird die Welt hell.« Der feine Akzent ist allerdings ein anderer: Die Altöttinger hatten sich sehr gegen die neue Kapelle zur »Anbetung des Herrn« gewehrt, musste doch dafür die alte Schatzkammer weichen. Doch der Papst stellt klar: »Jesus und Maria gehören zusammen« – auch in einer Hochburg der Marienverehrung wie Altötting. Hier wird sein altes Motto wieder deutlich: »Glauben – mit Herz und Verstand.«

Und so findet der Heilige Vater erneut die richtigen Worte, die Menschen lauschen gebannt.

Nach den Fürbitten empfängt er die Gaben: Der Kapuzinerguardian Pater Felix Kraus überreicht einen Hirtenstab, zwei Menschen mit Behinderung bringen einen Brotbaum und ein Buch über die Ruperti-Werkstätten in Altötting. Benedikt XVI. hat für alle ein freundliches Wort übrig, auch jetzt noch nimmt er sich Zeit.

Gegen 11.45 Uhr endet schließlich die Eucharistiefeier auf dem Kapellplatz. Die Madonna und das Allerheiligste sollen zur neuen Anbetungskapelle gebracht werden – Papst Benedikt XVI. macht sich auf zum Herrn.

Oben links: Andächtig beteiligen sich die Besucher am Gottesdienst.

Oben rechts: Der Heilige Vater konzelebriert zusammen mit dem Passauer Bischof Wilhelm Schraml, in dessen Diözese Altötting liegt.

Unten links: Den Papst zu sehen, ihm in die Augen zu blicken, seinen Segen zu empfangen – das ist der Wunsch vieler Gläubiger.

»Maria und Jesus gehören zusammen«

Nach der Eucharistiefeier auf dem Altöttinger Marktplatz überträgt der Papst das Allerheiligste in die neue Anbetungskapelle gegenüber der Gnadenkapelle.

»Maria und Jesus gehören zusammen«, hatte Papst Benedikt XVI. in seiner Predigt am Vormittag auf dem Kapellplatz verkündet. Jetzt, bei seinem feierlichen Zug zur neuen Anbetungskapelle, wird die enge Verbindung für jeden deutlich sichtbar. Während der Heilige Vater das Allerheiligste in einer prächtigen Monstranz über den weitläufigen Kapellplatz trägt, als »erster Anbeter des Herrn«, wie Bischof Wilhelm Schraml sagt, schreitet wenige Meter hinter ihm Domkapitular Alois Furtner, der mit der Schwarzen Madonna auf Händen den Papst auf seinem Weg begleitet. Benedikt XVI. betritt als Erster die Kapelle – und verlässt sie als Letzter. Andächtig und in sich gekehrt verharrt der Heilige Vater noch einige Minuten auf seinen Betschemel gekniet. Das Allerheiligste steht vor ihm, auf einer Stele, die Steine aus der Münchner Mariensäule enthält. Es sind noch einmal ganz ruhige und intensive Minuten. Als der Papst wenig später nach draußen tritt, schlägt ihm eine Welle der Euphorie entgegen – und endlich die schon vermissten »Be-ne-detto«-Rufe. Nirgends jedoch hört sie der Papst so laut, so ausdauernd und musikalisch so perfekt wie hier in Altötting. Sogar mehrstimmig rufen sie den italienischen Namen

Links: Während der gesamten Dauer des Besuches von Benedikt XVI. harren die Gläubigen geduldig auf dem Kapellplatz aus.

Mitte: Vor der Kapelle erwarten viele freudige Gesichter einen sichtlich gelösten Heiligen Vater.

Unten: Papst Benedikt XVI. gehört zu den Ehrenbürgern der Stadt Altötting, die darauf natürlich sehr stolz ist.

des Papstes. Benedikt XVI. genießt die Szenen sichtlich. Lange bleibt der Papst an den Gittern bei der Gnadenkapelle stehen, schüttelt Hände, segnet Kinder. Als Monsignore Gänswein ihn bittet, auch einmal auf die andere Seite hinüberzugehen, schreien Hunderte Jugendliche jubelnd auf. Höchstens 100 Meter ist das Kapuziner-Konvent von der neuen Anbetungskapelle entfernt, Benedikt XVI. benötigt mehr als zehn Minuten.
Doch dann verschwindet der Pontifex – auf ihn warten Schweinsbraten und Semmelknödel, zubereitet vom Kapuzinerkloster-Koch Honorat Kreuzer.

Linke Seite: Domkapitular Alois Furtner trägt die Statue der Schwarzen Madonna zur Anbetungskapelle. Ihm voran schreitet der Papst mit dem Allerheiligsten zum neuen Bestimmungsort.

»Was für ein historischer Besuch!«

Nach dem erfüllten Tag in Altötting macht Papst Benedikt XVI. noch einen Abstecher in seinen Geburtsort Marktl. Der Kurzbesuch wird länger als geplant.

Mit Geschenken von Altöttinger Bürgern und dem Eintrag ins Goldene Buch endet der Besuch von Papst Benedikt XVI. in Altötting. Unter dem Läuten aller Kirchenglocken macht er sich nun mit dem Papamobil auf in seinen Geburtsort Marktl. 13 Kilometer sind es bis dorthin.

Dort warten seit dem frühen Nachmittag am Marktplatz vor dem Geburtshaus 2000 Einwohner auf den Mann, der vor 79 Jahren dort zur Welt kam. Der Moment, den Hubert Gschwendtner so herbeigesehnt hat, naht. Er steht in der Mitte des lang gezogenen Platzes, die goldene Kette des Bürgermeisters um den Hals. Er wippt auf den Füßen vor und zurück. Er faltet die Hände vor dem Körper, dann wieder verschränkt er sie hinter dem Rücken. Es ist ganz ruhig auf dem Marktplatz. Noch zehn Minuten, bis der Papst kommt.

Als Höhepunkt seiner Amtszeit hat Gschwendtner den Besuch des berühmtesten Sohnes der Marktgemeinde schon im Vorfeld bezeichnet. Der Besuch ist der Gipfel der letzten 17 Monate seit der Papstwahl, in denen das einst beschauliche Dörfchen wahlweise als »Media-Marktl« oder »Marktl am Irrsinn« bezeichnet wurde.

Oben: Etwa 2000 Menschen säumen in der Erwartung des Heiligen Vaters die festlich geschmückten Straßen der romantischen Gemeinde Marktl am Inn.

Zeitweise tummelten sich mehr Fernsehteams auf den Marktler Straßen als Einwohner; die damalige Besitzerin des Geburtshauses stellte das Gebäude entnervt vom Rummel zum Verkauf. Findige Geschäftsleute erfanden Papstbier, Papsttorte und päpstliches Gebäck wie die »Süße Mitra«. Bürgermeister Hubert Gschwendtner gab plötzlich Interviews für CNN und Al-Jazeera. Jetzt steht er mitten auf dem Marktplatz und wartet auf den Besuch des Ehrenbürgers. Noch fünf Minuten, bis der Papst kommt.

Marktl hat sich sorgfältig präpariert für diesen Tag. Aber was heißt Tag? 45 Minuten sind eingeplant für den Abstecher in den Geburtsort des Papstes, in dem Joseph Ratzinger seine ersten zwei Lebensjahre verbrachte. Dafür ist Marktl auf Hochglanz gebracht worden. Erst wenige Tage vor dem Besuch ist die neue gelb-weiße Fassade des Geburtshauses enthüllt worden. Besucher erfahren vor dem Haus, dass hier nicht nur Joseph Aloisius Ratzinger geboren wurde, sondern auch Georg Lankensperger, der Erfinder der Achsschenkel-Lenkung. Nicht einmal eine Farbbeutel-Attacke auf die neue Fassade einen Tag zuvor konnte Marktl aus der Ruhe bringen. Rechtzeitig vor dem großen Moment erstrahlte das Geburtshaus wieder in seinem Glanz.

In Marktl – wie überall in den letzten Tagen – wird Benedikt XVI. vor allem von den Jüngsten liebevoll begrüßt.

Jetzt ist der große Moment gekommen. Die päpstliche Kolonne biegt auf den Marktplatz ein. Der Audi A8 mit Papst Benedikt XVI. hält genau vor der Kirche St. Oswald, in der der Heilige Vater am 16. April 1927 getauft wurde. Der Papst steigt aus, Bürgermeister Gschwendtner kommt zur Begrüßung. Beide sprechen bestimmt zwei Minuten miteinander.

Zum Empfang des berühmtesten Sohnes der Gemeinde hat Stephan Semmelmayr, der für den Tourismus Verantwortliche, sogar einen bekannten Ehrengast im Schlepptau. Der ehemalige Bundesarbeitsminister Norbert Blüm hat einen persönlichen Anknüpfungspunkt zum Heiligen Vater: Er hat seine Ehefrau in einer Vorlesung von Professor Joseph Ratzinger kennengelernt.

Einige Minuten später betritt der Heilige Vater die Kirche St. Oswald, und manchem Betrachter stockt der Atem, als die beiden Brüder Joseph und Georg an ihrem Taufstein ins Gebet versinken. Nachdem er sich in das Goldene Buch eingetragen hat, kommt Papst Benedikt XVI. wie-

Papst Benedikt XVI. wird umringt von der lokalen Prominenz; hinter ihm steht, mit der Amtskette um den Hals, Bürgermeister Hubert Gschwendtner.

der zurück auf den Marktplatz, als falle es ihm schwer, diesen Tag in Altötting und Marktl zu beenden. Schließlich steigt er doch wieder ins Papamobil ein. Wäre es nun nach dem Protokoll gegangen, hätte der Konvoi die Fahrt direkt zum nahe gelegenen Sportplatz aufgenommen, von wo aus der Papst mit dem Hubschrauber nach Regensburg fliegen soll.

Doch noch einmal hält das Papamobil kurz: Benedikt XVI. steigt aus, er zögert, dann aber geht er hin zu den Menschen an den Gittern, er wechselt freundliche Worte, er sucht Hände, als wolle er nach Erinnerungen greifen. Der Papst betrachtet auch die Benediktsäule. Der Künstler, Josef Neustifter, wird mit ein paar freundlichen Worten bedacht. Dann wendet sich Benedikt XVI. ein letztes Mal der wartenden Menge zu, er geht auf einen Ordner zu und ergreift seine Hand. Der 50-jährige Feuerwehrmann kann die Tränen kaum zurückhalten, so stark ist der Ansturm der Gefühle, die ihm fast die Luft zum Atmen nehmen. Er ist sich sicher, dass er dieses Erlebnis bis an sein Lebensende nicht vergessen wird. Die Marktler jubeln und schwenken wieder ihre Fähnchen.

Danach jedoch lässt sich das Protokoll nicht mehr aufhalten, die päpstliche Kolonne macht sich auf zum Sportplatz, der Hubschrauber wartet. Zurück bleiben die begeisterten Einwohner von Marktl und ein Bürgermeister Hubert Gschwendtner, der schwärmt: »Was für ein historischer Besuch!«

Das ist das Haus, in dem Benedikt XVI. als Joseph Ratzinger im April 1927 geboren wurde. Seine Familie blieb aber danach nicht lange im Ort wohnen. Vor dem Haus steht die Benediktsäule.

Links: Die schönsten Mädchen von Marktl haben sich herausgeputzt.

Unten: An diesem Tag ist die Flagge des Vatikan allgegenwärtig. Sie hängt aus Fenstern, von Häuserwänden, beflaggt Fahrzeuge und Geschäfte.

Oben: Wie immer auf dieser Reise wendet sich der Heilige Vater seinem Gegenüber mit äußerster Aufmerksamkeit zu.

Rechts: Papst Benedikt XVI. betet in der Kirche St. Oswald vor seinem Taufstein. Anschließend trägt er sich in das Goldene Buch der Gemeinde Marktl ein.

»Du meinst, die ganze Welt ist völlig friedlich«

Bei der nächtlichen Ankunft auf dem Islinger Feld erfahren die Gläubigen, was Kirche wirklich heißt, und bereiten sich in Frieden auf die große Messe am nächsten Morgen vor.

Nach der fast familiären und sehr intensiven Feier auf dem engen Kapellplatz muss sich Papst Benedikt XVI. am Dienstag, den 12. September 2006, auf ganz andere Dimensionen einstellen. In Regensburg ist alles größer: Das Islinger Feld übertrifft das Münchner Messegelände in Riem an Größe bei Weitem, die Sicherheitszonen sind noch kompromissloser abgeriegelt, die Gläubigen kommen viel früher in großen Zahlen: Gegen 24 Uhr haben sich schon über 2000 Menschen auf dem Gelände eingefunden.

Man sieht den Platz bereits aus der Ferne: Die hellen Videowände und die erleuchtete Altarinsel weisen den Pilgern die Richtung. Dabei ist der Weg zum Papst steinig, viele kommen über Feldwege. Die Straßen sind flankiert von zahlreichen Devotionalien- und Verpflegungsständen.

Über allem aber steht das riesige Kreuz: 16 Meter hoch, 8 Meter breit, 10 Tonnen schwer. Es wurde eigens für den Gottesdienst aus Stahl angefertigt und mit Holz verkleidet. Jetzt, gut 50 Meter rechts neben dem Altar, flößt das Zeichen Christi eine tiefe Ehrfurcht ein. Auch Patrizia Zeller ist gefesselt, versunken lehnt sie am

Absperrgitter. Die 27-Jährige zeigt sich tief berührt und ist sicher: »Das wird mein Leben prägen.« – »Gänsehautfeeling pur«, so beschreibt die Regensburgerin die Atmosphäre. Angesichts der Tausenden, die auf ihren Isomatten nebeneinander liegen, erzählt sie: »Wenn du hier bist, dann meinst du, die ganze Welt ist völlig friedlich.«

Tatsächlich: Auf dem Islinger Feld gibt es jetzt um ein Uhr weder Gedränge noch Gemeckere, alle wollen nur Teil dieser Gemeinschaft sein. »Genau das ist Kirche«, sagt Katrin Weig. Für sie sind die Pilgerscharen die Wirklichkeit vom »Volk Gottes«. Vor der 17-Jährigen, die als eine der Ersten auf dem Feld war, steht eine Kerze. Auf dem ganzen Feld flackern inzwischen kleine Lichter. Langsam wachsen die einzelnen Punkte zu einem großen leuchtenden Teppich zusammen. Die Gläubigen rücken nahe zusammen.

Doch bei aller Nähe: Wer möchte, kann auch allein sein. Klaus-Dieter Breiden hat sich zum Altar gewandt, er wirkt völlig in sich gekehrt: Während der Rosenkranz durch seine Finger gleitet, betet der 34-Jährige das Ave Maria. Breiden war letztes Jahr beim Weltjugendtag als Helfer, die tiefe spirituelle Erfahrung macht der Grevenbroicher allerdings erst hier. »Das Beten ist viel intensiver. Die Einstimmung auf die Messe ist perfekt.« Eingestimmt werden die Ankommenden aber nicht allein durch die beeindruckende Kulisse. Als der Chor um 1.30 Uhr das »Ubi caritas« anstimmt, spüren viele die Nähe Gottes unmittelbar. In Riem sprach Weihbischof Bernhard Haßlberger die Einladung aus: »Öffnet eure Herzen!« Für Papst Benedikt XVI. könnten sie in dieser Nacht auf dem Islinger Feld nicht offener sein.

Linke Seite: Schon aus weiter Ferne weist der hell leuchtende Altar auf dem Islinger Feld den Gläubigen den Weg, die sich bereits weit vor Mitternacht auf dem Gelände vor den Toren Regensburgs versammeln.

Oben links: Isomatten und Schlafsäcke gehören zur Grundausstattung der vielen jungen Leute, die gekommen sind, um ihren Glauben durch ein ganz besonderes Gemeinschaftserlebnis zu stärken.

Oben rechts: Andächtiges Beten und stille Einkehr gehören für diesen Mann zur Einstimmung auf seine Begegnung mit dem Heiligen Vater, zur Vorfreude auf das gemeinsame Feiern der Messe.

Von Altötting über Marktl nach Regensburg

von Martin Posselt

5.30 Uhr

Um 5.30 Uhr treffen wir uns zum Frühstück. Im Vergleich zum Vortag eine gemütliche Uhrzeit. Vom Hotel Post zu unserem Set am Kapellplatz sind es nur zehn Minuten zu Fuß. Das macht Altötting vom ersten Moment an sympathisch: Die Verhältnisse sind überschaubar, und die Atmosphäre ist dicht.

Gute Laune allerorten

Das Team strahlt ohnehin vor guter Laune. Die Einschaltquoten am Wochenende haben alle Erwartungen übertroffen. Auch Peter Mezger kann wieder lächeln. In der Nacht wurden seine Kleider im Gepäckraum des Hotels in München-Riem gefunden und nach Altötting gebracht.

7.00 Uhr

Punkt sieben Uhr begrüßt er – im Sakko – die Zuschauer. Unser Regisseur Alfons Schön kündigt uns Bilder vom Hubschrauberstart des Papstes an. Zu unserem Erstaunen bleiben wir drauf, als sich der Helikopter in die Lüfte hebt. Die Regie liefert traumhafte Bilder vom halbstündigen Flug. Peter Mezger und ich stehen vor unserem Monitor und rätseln, welche Route der Pilot nimmt.

Gute Quoten

Bei den Kollegen kommt die Sendestrecke überraschend gut an – wie sich später zeigt, auch bei den Zuschauern. Wir überspringen mit unserem Marktanteil erstmals die 40-Prozent-Marke. Das schaffen sonst nur Fußball-Länderspiele. Nach der Ankunft des Papstes an der Gnadenkapelle übernehmen Hubert Schöne, Leiter der Redaktion Kirche und Welt, und Pfarrer Erwin Albrecht das Kommentieren.

Diskussionsfreudig

Danach diskutieren wir mit Abtprimas Notker Wolf und Pater Eberhard von Gemmingen. Die zwei Deutschrömer – der eine amtiert als oberster Benediktiner der Welt, der andere leitet die deutsche Sektion von Radio Vatikan – sind um keine Antwort verlegen und bringen die Dinge auf den Punkt.

Glück gehabt

Als der Papst nach Regensburg fliegt, springen wir in die Autos und fahren hinterher. Dort angekommen, gelingt es uns gerade noch, die Autobahn zu verlassen, bevor die Ausfahrt Richtung Hotel von Sicherheitsleuten abgeriegelt wird. Glück gehabt.

Seite rechts: Das Gnadenbild der Schwarzen Madonna von Altötting hat diesen Wallfahrtsort zu einem Zentrum der Marienverehrung gemacht. Sie überstrahlt alles. Aus der ganzen Welt pilgern die Gläubigen herbei, um den Schutz der Muttergottes zu erbitten oder für ihren Beistand in schwierigen Lebenssituationen zu danken.

11. September 2006

So haben die Menschen bei allen Gottesdiensten Papst Benedikt XVI. erlebt: als einen den Gläubigen zugewandten Hirten, der segnend die Hand über sie hält.

»Ich freue mich schon so auf den Papst!«

Mit Bussen, per Fahrrad und zu Fuß strömen die Pilger auf das Islinger Feld. Die meisten erwarten von Papst Benedikt XVI. beim großen Gottesdienst im Süden Regensburgs ein erneutes Ausrufezeichen und Impulse für ihren Glauben.

Am Islinger Feld, gegen sieben Uhr an diesem Dienstagmorgen. Die Autobahn A3 und andere Zufahrtsstraßen sind längst gesperrt. Mit dem Auto erreicht man das Gebiet schon seit der Nacht nicht mehr. Die Gläubigen kommen zu Fuß oder mit dem Fahrrad. Noch bis kurz vor neun Uhr stapfen Unzählige dem Gottesdienstgelände entgegen.
Viele Pilger haben bereits ein Marathonprogramm hinter sich. Sie sitzen seit den Morgenstunden auf dem Islinger Feld, Tausende von Bussen säumen die Zufahrtswege. Die Grasflächen, mit Rindenmulch gesäumt, sind aber noch nicht gänzlich gefüllt – der hintere Teil wird von den Ordnern hartnäckig freigehalten. Auf der Wiese sind inzwischen Decken und Schlafsäcke eingepackt worden, viele Gläubige genießen die wärmende Morgensonne, mit der auch der vierte Tag des Papstbesuches beginnt.

Linke Seite: Kein Grund zur Traurigkeit! Auch vor der Eucharistiefeier auf dem Islinger Feld finden die großen und kleinen Teilnehmer immer etwas zu lachen.

Die Ministranten aus Mieterkingen zeigen Flagge. Dieses Foto beweist: Auch sie waren dabei bei dem kirchlichen Großereignis in der Oberpfalz.

Maximilian Bischoff ist mit dem Fahrrad gekommen. Dem 6-Jährigen kann es gar nicht schnell genug gehen. Ein wenig verlegen sagt er: »Ich freue mich schon so auf den Papst. Er ist ja schließlich der oberste Chef, oder?« Auch Franz Winker fiebert dem Beginn der Messe entgegen, einem für ihn »einmaligen Erlebnis«. Der 67-Jährige strahlt glücklich, noch nie hat der Regensburger seine Stadt so in Bewegung gesehen. An die Messe hat Winker indes hohe Erwartungen, besonders die Predigt sehnt er herbei: »Ich hoffe, dass Benedikts Worte bei uns allen eine innere Erneuerung bewirken.«
Über den Gottesdienst macht sich Benedikt Dirschler dagegen keine Gedanken. Der 13-Jährige ist ohnehin schon völlig nervös. Kurz vor der Ankunft des Papstes geht er einige Meter spazieren, er will sich noch einmal innerlich sammeln. Bald wird er nämlich nicht nur seinen berühmten Namensvetter sehen, Benedikt wird auch für ihn singen dürfen. Der Bub ist bei den Regensburger Domspatzen, dem weltberühmten Chor, den der Bruder des Papstes Georg Ratzinger lange Jahre geleitet hat.
Dirschler weiß, dass dieser Tag wahrscheinlich der größte Moment seiner »Sängerkarriere« wird, denn: »Bald komme ich in den Stimmbruch – dann könnte ich nicht mehr für unseren Papst singen.« Schnell eilt der Domspatz weg, um seinen Platz einzunehmen. Das Papamobil kann er schon in der Ferne sehen.

Bereits in der Nacht vor dem Gottesdienst wird die gesamte Bundesautobahn mit der Nummer A3 gesperrt. Der Platz wird für die vielen tausend Pilgerbusse gebraucht, die die Menschen zum Islinger Feld bringen.

»Die Sache mit dem Menschen geht nicht auf ohne Gott«

Rund 230 000 Gläubige versammeln sich auf dem Islinger Feld in Regensburg und hören von Papst Benedikt XVI. einen »Grundkurs des Glaubens« ganz nahe dem Ort, an dem er viele Jahre lang als Professor lehrte.

Wer glaubt, ist nie allein. Das Motto des gesamten Heimatbesuchs von Papst Benedikt XVI. ist zur Überschrift für diese Messe am Dienstag, den 12. September 2006, auf dem Islinger Feld im Süden Regensburgs geworden. Einerseits stimmt das natürlich: Alle, die sich später am Altar mit dem Heiligen Vater versammeln werden, werden eine riesige Menschenmenge sehen. Andererseits hatte man hier mit der größten Messe in diesen Tagen gerechnet. Das ist sie schließlich doch nicht geworden: 230 000 Gläubige wollen gemeinsam die Eucharistie feiern mit Benedikt XVI., der einst als Joseph Ratzinger an der noch jungen Katholisch-Theologischen Fakultät Dogmatik lehrte. Vielleicht sind es deshalb nicht die erwarteten 300 000, weil die Sicherheitskräfte das Gelände und die Zufahrtsstraßen um das Islinger Feld schon ganz weit draußen abgesperrt und die Medien seit Tagen auf massive Verkehrsbehinderungen und Fußmärsche von mehreren Kilometer Länge hingewiesen haben.
All jene, die gekommen sind, erfahren an diesem Morgen einen Heiligen Vater im Papamobil, der ihnen im wahrsten Sinne des Wortes distanzierter begegnet:

Links: Da der Gottesdienst am Festtag von Mariä Namen stattfindet, wird die Gottesmutter zum Abschluss der Messfeier mit dem Marienlob geehrt.

Unten: Obwohl die Gläubigen einen Sicherheitsabstand zum Altargelände einhalten müssen, sind sie mit Augen und Herzen ganz nah beim Heiligen Vater.

Breit sind die Wege, die das weitläufige Gelände durchschneiden, der Papst winkt den Menschen hinter der gepanzerten Scheibe des Papamobils aus mehreren Meter Entfernung zu. Da haben die Begeisterten am Münchner Liebfrauendom, in Altötting und Marktl anderes erlebt.
Etwa zehn Minuten später zieht der liturgische Dienst mit Papst Benedikt XVI. zur Altarinsel, die die Menschenmenge überragt – das ist ein beeindruckendes Bild und bringt die Stimmung vom Weltjugendtag 2005 in Köln zurück, als Jugendliche aus aller Welt mit dem Papst auf dem Marienfeld ihren Glauben feierten.

Linke Seite: Auf dem Islinger Feld vor den Toren der ehemaligen Reichsstadt Regensburg erwarten etwa 230 000 Gläubige den Heiligen Vater, um mit ihm gemeinsam die Eucharistie zu feiern.

Doch die endlosen Reihen von Ehrengästen, Priestern und Ministranten trennen den Heiligen Vater von den anderen Besuchern der Messfeier – auf den ersten Blick ist er weit weg. Aber der Papst mag zwar, in Metern gemessen, weit von den Mitfeiernden entfernt sein; ihren Herzen ist er jedoch ganz nah.

Während der Heilige Vater und die Kardinäle ihre Plätze einnehmen, singt der 240 Stimmen starke Chor, der etwa zur Hälfte aus den weltberühmten Regensburger Domspatzen besteht, das Lied »Wer glaubt, ist nie allein«, das Diözesanmusikdirektor Christian Dostal eigens für diese Messe komponiert hat.

Wer glaubt, ist nie allein. Zu diesem Thema predigt nun der Heilige Vater. Es ist faszinierend zu erleben, wie er die Gläubigen in der Heimat mitnimmt auf seiner Reise, und das ist nicht nur geografisch gemeint, sondern durchaus auch theologisch. Wie er den roten Faden weiterspinnt, der an diesem Morgen zu den Fragen führt: »Was glauben wir denn da eigentlich? Was ist das, Glaube?« Und er hat – natürlich – eine Reihe von Antworten, die miteinander zusammenhängen, die aufeinander aufbauen. Er behandelt Kernfragen unseres Glaubens und legt sie in präzisen Worten dar. Wieder geht es Papst Benedikt XVI. um eine klare Positionierung. Glaube und Vernunft gehörten durchaus zusammen, sagt er und wendet sich damit gegen Teile der Wissenschaft, die versuchten, »eine Welterklärung zu finden, in der Gott überflüssig wird«. Dann ruft er in die Menge hinaus: »Die Sache mit dem Men-

Oben links: Unter den Gläubigen bei der Heiligen Messe sind viele freiwillige Kirchenhelfer.

Oben rechts: Auch Gäste aus fremden Ländern sind zum Gottesdienst gekommen.

Unten links: Ganz in die Andacht versunken sind diese Marienschwestern.

Unten rechts: Eine Blumenprozession auf dem Weg zum Papst

Oben: Ein imposantes Zeltdach überspannt den Altar auf dem Islinger Feld.

Mitte: Freude am Glauben und mit ganzem Herzen dabei, dieses Bild wird von so vielen Gläubigen in diesen Tagen vermittelt.

Unten: Der Papst hat einen vollen Terminkalender. Eilends verlässt er deswegen nach der Messe das Islinger Feld.

schen geht nicht auf ohne Gott, und die Sache mit der Welt, dem ganzen weiten Universum, geht nicht auf ohne ihn.« Diese Passage trägt der Heilige Vater so energisch vor, dass er mitten in der Predigt von Beifall unterbrochen wird. Der Glaube sei zwar einfach, aber er bringe auch Verantwortung mit sich: »Wir dürfen unser Leben nicht verschleudern, nicht missbrauchen, nicht für uns selber nehmen; Unrecht darf uns nicht gleichgültig lassen.« Überhaupt ist auch heute wieder zu spüren, welch großes Anliegen er da verkündet, darlegt, deutet. Benedikt XVI. spricht eindringlich, fordernd, manchmal schaut er sätzelang nicht ins Manuskript und spricht doch genau die Worte, die im vorher verbreiteten Text stehen. Langer Applaus beendet auch diese dritte große Predigt. Zur Gabenbereitung überreichen unter anderem führende Vertreter des Regensburger Diözesankomitees eine Statue des Bistumspatrons, des heiligen Wolfgang, und damit gleichermaßen das gesamte Bistum als Geschenk. Nach der Eucharistiefeier, die am Festtag von Mariä Namen mit einem Marienlob endet, verlässt Papst Benedikt XVI. ausnahmsweise recht zügig den Ort der eucharistischen Begegnung. Das ist kein Wunder: In Regensburg erwartet ihn an diesem Tag noch ein anspruchsvolles Programm an der Universität und im Dom.

Glaube und Vernunft

Mit einer begeisternden Vorlesung über »Glaube und Vernunft« kehrt Papst Benedikt XVI. an die Regensburger Universität, seine alte Wirkungsstätte, zurück.

Die päpstliche Delegation ist noch keine fünf Minuten im Foyer der Universität Regensburg, da entwischt Benedikt XVI. wieder dem Protokoll. Plötzlich beschleunigt er seinen Schritt und steuert zielstrebig auf die Reihe mit 30 Studenten aller Fakultäten zu, die sich zu seiner Begrüßung aufgestellt haben, und begrüßt jeden Einzelnen mit Handschlag. Professor Joseph Ratzinger ist zurück.

Papst Benedikt XVI. hat sich gewünscht, noch einmal an seiner geliebten Universität, an der er von 1969 bis 1977 Dogmatik lehrte, eine Vorlesung zu halten.

In der nun folgenden Dreiviertelstunde erleben die 1500 geladenen Wissenschaftler, Studenten und Ehrengäste eine präzise Zusammenfassung der Gedanken des Heiligen Vaters zu Glaube und Vernunft. Es ist ein Thema, das seine Theologie prägt, das ihn immer wieder beschäftigt: Im berühmten Disput mit dem Philosophen Jürgen Habermas 2004 etwa oder auch in seiner Predigt unmittelbar vor dem Konklave, als er die »Diktatur des Relativismus« anprangerte.

Der Kern seiner Ausführungen im Regensburger Audimax: Gott ist Vernunft. Und deshalb müsse

Links: In seiner Vorlesung beschäftigt sich der Heilige Vater mit dem Zusammenspiel von Glaube und Vernunft. Für ihn ist eines ohne das andere nicht denkbar. Ein fruchtbarer Dialog der Kulturen und Religionen ist für ihn nur möglich, wenn die Menschen beides ins richtige Verhältnis zu bringen vermögen.

Unten rechts: Auch ins Regensburg segnet der Heilige Vater die wartende Menge aus dem Papamobil.

auch der Glaube an Gott vernünftig sein.
Benedikt XVI. verwahrt sich gegen jede falsche Frömmigkeit und dagegen, Glaube und Vernunft als zwei Welten zu betrachten, die voneinander losgelöst seien. Er wendet sich gegen eine selbstherrliche Wissenschaft, die nur zulasse, was mit Experimenten oder Erhebungen messbar, beweisbar ist. Was allerdings nicht bedeute, »hinter die Aufklärung zurückzugehen«. Aber: »Was an ethischen Versuchen von den Regeln der Evolution oder von der Psychologie und Soziologie her bleibt, reicht ganz einfach nicht aus.« So fordert der Papst eine »rechte Aufklärung«, und er grenzt sich damit von Kritikern ab, die in der Aufklärung das Ende des Christentums sehen. Die Trennung von Glaube und Vernunft, die der Heilige Vater auch im Westen anprangert, hält er für gefährlich. »Eine Vernunft, die dem Göttlichen gegenüber taub ist, und Religion in den Bereich der Subkulturen abdrängt, ist unfähig zum Dialog der Kulturen«, sagt er. Vernunft und Glaube müssten auf neue Weise zueinander finden, um diesen Dialog der Kulturen und Religionen, »dessen wir so dringend bedürfen«, zu ermöglichen. Und hier sieht der Papst auch die große Aufgabe der Universität.
In diesen 45 Minuten, die von donnerndem Applaus der Zuhörer beendet werden, skizziert Papst Benedikt XVI. anspruchsvoll und präzise seine Glaubenswelt: mit den Mitteln der Vernunft zu rechtem Glauben und von dort aus zu einem fruchtbaren Dialog der Kulturen.

Linke Seite: Der Rektor Prof. Dr. Alf Zimmer begrüßt den Papst. Acht Jahre lang lehrte Benedikt XVI. als Professor in Regensburg Dogmatik, bevor er Erzbischof von München und Freising wurde.

»Wir müssen wieder Zeugnis geben«

Bei einer Ökumenischen Vesper im Regensburger Dom beschwört Papst Benedikt XVI. die Gemeinsamkeiten der christlichen Kirchen.

Es ist der Abschluss dieses anstrengenden Tages für Papst Benedikt XVI. Nach seiner begeistert aufgenommenen Vorlesung im Auditorium Maximum der Universität kommt er nun zu einer Ökumenischen Vesper zurück in die Innenstadt.
In der St.-Ulrichs-Kirche nimmt sich der Heilige Vater viel Zeit für die Begrüßung der Vertreter der orthodoxen Kirchen, der evangelischen Kirche und der jüdischen Gemeinde. Unter ihnen sind der evangelische Landesbischof Johannes Friedrich, der Vorsitzende der Arbeitsgemeinschaft christlicher Kirchen in Bayern, Regionalbischof Hans-Martin Weiss, und der orthodoxe Metropolit Augoustinos. Gemeinsam ziehen sie dann in den Regensburger Dom hinüber. Dafür wird zum ersten Mal seit 40 Jahren das wegen Renovierungsarbeiten geschlossene Westportal geöffnet.
Nach vielen persönlichen Momenten, liturgischen Höhepunkten und politischen Gesprächen ist diese Vesper der einzige ökomenische Gottesdienst auf der Heimatreise des Papstes.
Die Ökumene kam ja schon einmal kurz zur Sprache in diesen Tagen. Gleich bei der Ankunft des Papstes auf dem Münchner Flughafen war das, als der evangelische Bundespräsident Horst Köhler den Wunsch nach mehr »ökumenischem Fortschritt« aussprach: »Uns verbindet doch so viel mehr, als uns trennt.« Benedikt XVI. erwiderte darauf, abweichend vom Manuskript, dass der

Linke Seite: Der Regensburger Dom ist mit seinen 105 Meter hohen Türmen das überragende Wahrzeichen der ehemaligen Reichsstadt.

Papst Benedikt XVI. zelebriert zusammen mit dem evangelischen Landesbischof Johannes Friedrich und dem orthodoxen Metropoliten Augoustinos eine Ökumenische Vesper im Regensburger Dom.

Bundespräsident ihm aus dem Herzen gesprochen habe und man sich »mit Herz und Verstand« darum mühen werde, dass »wir zueinander kommen«.
Mit konkreten Zeichen der Annäherung hält sich der Heilige Vater bei seiner Ansprache allerdings zurück. »Damit die Welt glaube, müssen wir eins sein: Der Ernst dieses Auftrags muss unseren Dialog beseelen.« Dieser Satz ist es, der den Ton dieser ökumenischen Feier vorgibt. Und: »So wird es wohl unsere allererste Aufgabe sein, den lebendigen Gott wieder in unserem Leben neu zu entdecken.« Damit bleibt das Oberhaupt der Katholiken in der Kontinuität seiner Predigten und Ansprachen während der gesamten Reise. Es geht ihm in eindringlichen Worten um die Wiederentdeckung und Stärkung des Glaubens, und an diesem Abend möchte er die Vertreter der anderen christlichen Kirchen mitnehmen auf diesem Weg. Er betont wesentliche Gemeinsamkeiten des christlichen Glaubens: das Bekenntnis zu Jesus als Sohn Gottes. Als Zweites müsse aus diesem Bekenntnis Zeugnis werden: »In einer Welt voller Verwirrung müssen wir wieder Zeugnis geben von den Maßstäben, die Leben zu Leben machen.« Drittens nimmt er Bezug auf seine Enzyklika »Deus caritas est«. Dort spricht er über »Agape«, die Liebe: »Bezeugen wir unseren Glauben so, dass er als Kraft der Liebe erscheint, damit die Welt glaube.« Zum Abschluss dieser Ökumenischen Vesper lässt sich Benedikt XVI. mit den Regensburger Domspatzen ausgiebig fotografieren. Die katholischen Bischöfe streben da schon dem Ausgang zu, während die Vertreter der anderen christlichen Kirchen auf den Papst warten.

Auch Georg Ratzinger, der Bruder des Heiligen Vaters, nimmt an der Vesper teil und lauscht der Ansprache des Papstes über die Einheit des Glaubens.

Live vor Ort: der Papstbesuch

Um ein Großereignis wie den Besuch von Benedikt XVI. in Bayern live auf den Fernsehschirm zu bringen, ist eine Menge Vorbereitung, Technik und viele fleißige Mitarbeiter notwendig.

Oben: Live-Übertragungen bedeuten für die Kameraleute schwere körperliche Arbeit.

Unten: In den Übertragungswagen laufen die Informationen zusammen, die von dort in unsere Wohnzimmer geliefert werden.

Die Mitarbeiter

Rund 1000 Mitarbeiter waren in die Arbeit an den Übertragungen eingebunden – vom Kabelträger über den Beleuchter und den Kameramann bis zum Redakteur und Moderator.
Sie mussten sich bereits Wochen vor dem großen Ereignis akkreditieren, um von der Polizei überprüft werden zu können – wegen der Sicherheitsvorschriften. In ihrer Nähe zum Papst waren sie unterschiedlich gestaffelt. Sicherheitsstufe eins, die sogenannte »rote Stufe«, bedeutet, dass die Betreffenden bis auf Handschüttelnähe an den Papst hätten herantreten können.
So dicht kamen die Mitarbeiter des Bayerischen Rundfunks aber nicht heran: Für sie war in einer Entfernung von sechs Metern Schluss mit der Annäherung.

Die Moderatoren und Kommentatoren

Die Moderation im Bayerischen Fernsehen übernahmen Peter Mezger und Dr. Martin Posselt.

Die Moderation im Ersten machte Sigmund Gottlieb, der Chefredakteur Fernsehen des Bayerischen Rundfunks.
Als Gottesdienst-Kommentatoren für die Übertragungen im Bayerischen Fernsehen und im Ersten (insgesamt wurden 16 Stunden Gottesdienste übertragen) waren Pfarrer Erwin Albrecht, Andrea Kammhuber und Hubert Schöne im Einsatz.

Die Kameras – das wichtigste Arbeitsgerät

Im technischen Bereich musste ein immenser Aufwand betrieben werden. So waren beispielsweise für die Übertragung der Messe in München-Riem neun spezielle ferngesteuerte Kameras im Einsatz, weil man dem Papst mit beweglichen Kameras nicht zu nahe kommen durfte – weder mit einer Kamera auf dem Stativ, noch mit einer Handkamera oder einer Steady-Cam.

Der ganze Altarbereich war mit diesen ferngesteuerten Aufnahmegeräten ausgestattet worden. Auch auf den Türmen vor der Altarinsel wurden sie eingesetzt, die meisten davon fest eingebaut und so in der Dekoration versteckt, dass man sie kaum sehen konnte. Die Kameras wurden von einem Team gesteuert, das in einem Container direkt unter dem Altar saß und sie von dort über Monitore bediente.

Oben links: Die Moderatoren Peter Mezger und Dr. Martin Posselt beim Interview mit Abtprimas Notker Wolf.

Oben rechts: Auch Karl Kardinal Lehmann greift für das Fernsehen zum Mikrofon.

Mitte: Zum Aufbau eines Freiluftstudios wie auf dem Münchner Messegelände ist eine umfangreiche Planung notwendig.

Egal, ob auf dem Flughafengelände in München, dem Kapellplatz in Altötting oder dem Islinger Feld – die Mitarbeiter des Bayerischen Rundfunks sorgen für ein scharfes Bild auf unseren Fernsehschirmen.

Diese Mitarbeiter waren in Sachen Sicherheit besonders überprüft worden, weil sie ja direkt unter dem Papst arbeiteten.
An mehreren Orten, wie zum Beispiel auf dem Messegelände in München-Riem, wurde zudem mit einer sogenannten Cat-Cam gearbeitet. Das ist eine Kamera, die an zwei Drahtseilen quer über das ganze Feld fährt, beginnend bei etwa zehn Meter bis auf 30 Meter Höhe. Dadurch konnte eine Strecke von 600 Metern überbrückt werden, sodass aus der Luft sehr schöne Bilder von Menschen, vom Altar, von der gesamten Situation gemacht werden konnten. Die starken Drahtseile wurden von 100-Tonnen-Kränen links und rechts gehalten.
Auch Fluggerät kam zum Einsatz. Über dem Domplatz in Regensburg flog eine Kamera im Hubschrauber oberhalb der Dächer, um den Papstbesuch aus der Höhe abzulichten. Der Weg des Papstes vom Flughafen München in die Münchner Innenstadt wurde ebenfalls aus der Luft gefilmt.

Beim Papstbesuch kamen zahlreiche mobile Kameraeinheiten zum Einsatz, so wie hier auf dem Elektrokarren auf dem Münchner Flughafen. Viele Bilder aus München und Regensburg wurden auch aus dem Hubschrauber geliefert.

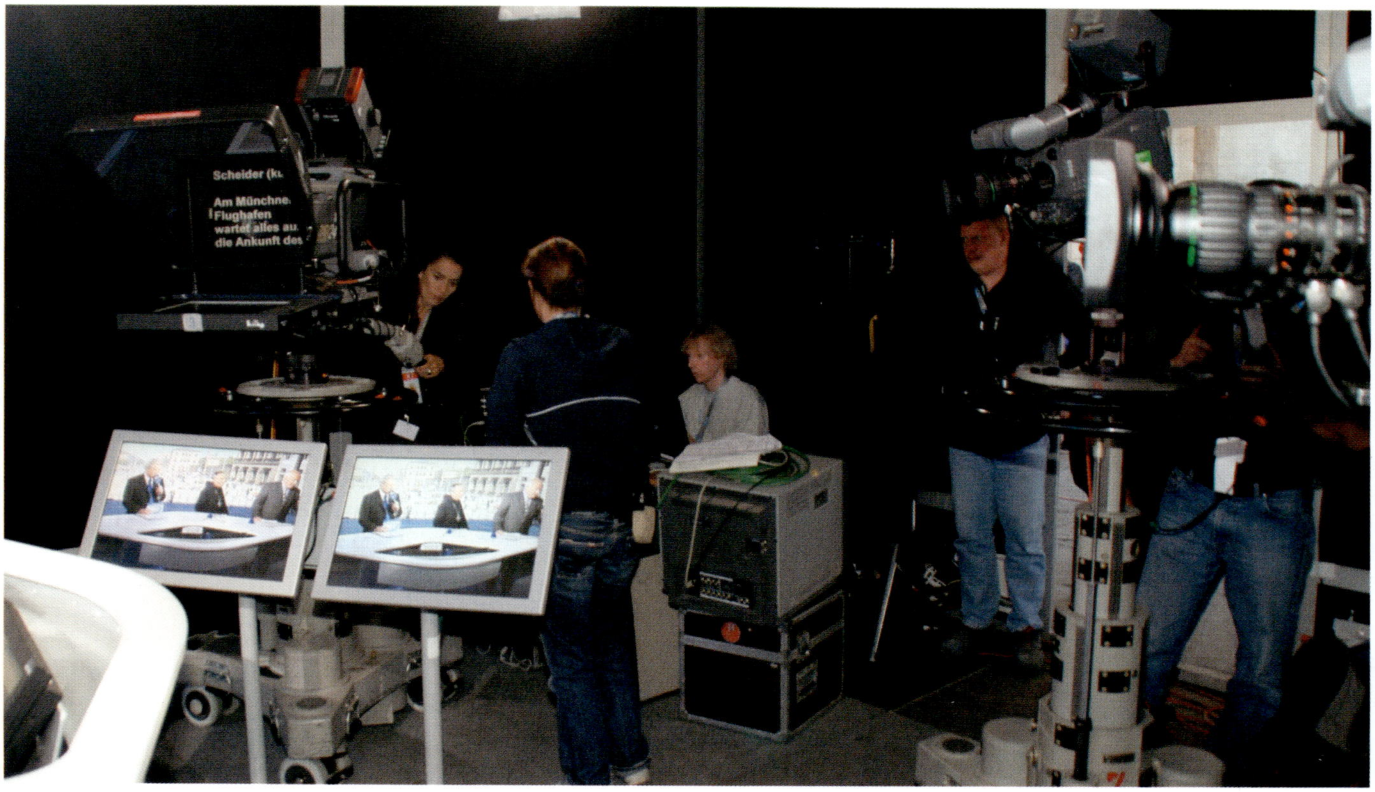

Bei kaum einem anderen bayerischen Medienereignis wurden so viele Kameras gebraucht. Allein die riesige Ausdehnung der Freigelände in München-Riem und Regensburg erforderte den Einsatz eines Vielfachen der sonst üblichen Kamerapositionen; insgesamt waren es etwa 300 verschiedene. Mehr als 100 Kilometer Kamerakabel mussten dafür verlegt werden.

Die Übertragungen

Alle Ereignisse während des Papstbesuches, die der Öffentlichkeit zugänglich waren, gab es im Bayerischen Fernsehen live zu sehen: die Übertragungen der großen Papstmessen in München-Riem, Altötting und Regensburg ebenso wie die Begrüßung und die feierliche Verabschiedung am Münchner Flughafen.

Außerdem berichtete das Fernsehen live von den Fahrten mit dem Papamobil und allen liturgischen Veranstaltungen während seiner Reise. So kamen über 70 Stunden Programm für den Bayerischen Rundfunk (BR) und das Erste zustande.

Darüber hinaus produzierte der Bayerische Rundfunk einen Großteil des sogenannten Weltbildes. Er belieferte nicht nur die nationalen Fernsehsender und die EBU (European Broadcasting Union), sondern tatsächlich die ganze Welt mit bewegten Bildern.

Für den Notfall (zum Beispiel einen Stromausfall oder sonstige unvorhergesehene Ereignisse) war zur Sicherheit in München-Freimann ein Studio eingerichtet worden, aus dem sofort live berichtet bzw. das Ersatzprogramm moderiert werden konnte.

Ein Fernsehstudio besteht aus hochmoderner, computergesteuerter Technik. Die Planung für die Übertragungen vom Papstbesuch nahmen ein halbes Jahr in Anspruch.

Eine große Herausforderung

Insgesamt stellte die Berichterstattung über den Papstbesuch einen riesigen produktionstechnischen und redaktionellen Aufwand und eine enorme logistische Herausforderung dar.

Ein halbes Jahr dauerte die »heiße« Planungsphase, in der mit Hochdruck gearbeitet wurde, damit dann beim Besuch auch wirklich alles wie am Schnürchen klappen konnte.

Vom Islinger Feld zum Regensburger Dom

von Martin Posselt

3.45 Uhr

Da niemand weiß, wie die Verkehrsverhältnisse am Islinger Feld sein werden, nimmt unser Team den ersten der Shuttle-Busse, Abfahrt 3.45 Uhr. Ein letzter Sondertransport mit wenigen Plätzen fährt um 5.40 Uhr.

Auf nüchternen Magen

Unser Redakteur Stefan Keicher, der hinter den Kulissen gigantische Arbeit leistet, setzt Peter Mezger und mich in diesen Spättransport. Statt in der Kälte herumzustehen, können wir so zwei Stunden länger schlafen. Wir müssten aber pünktlich sein, warnt er uns. Als ich die Augen aufschlage, erstarre ich vor Schreck: Es ist 5.35 Uhr! Ich habe mich beim Wecker um eine Stunde vertan. Ich springe in die Kleider, haste zum Hotelausgang. Auch Peter Mezger erscheint fünf Minuten zu spät. Gefrühstückt haben wir beide nicht.

7.00 Uhr

Mit kleinen Augen beginne ich um sieben Uhr die Vormittagssendung. Als ich in einer Pause nach etwas Essbarem frage, erfahre ich, dass die belegten Semmeln bereits alle verzehrt sind. Eine mitleidige Kollegin steckt mir einen Pumpernickel zu, eine andere schenkt mir eine Banane.

13.30 Uhr

Nach dem Gottesdienst moderieren und diskutieren wir noch bis 13.30 Uhr. Dann geht es zurück in die Innenstadt, am Nachmittag kommentieren wir von einer Tribüne am Domplatz aus. Inzwischen hat die Polizei schon die Zufahrtswege abgeriegelt. Doch unser Fahrer beruhigt mich, das sei kein Problem.

An der Polizei vorbei

An der Polizeisperre zeigt er eine Zufahrtsgenehmigung für die Universität vor und darf passieren. Die Uni sei doch ganz woanders, wundere ich mich. Das wüssten die Polizisten nicht, antwortet er grinsend, die kämen aus Nordrhein-Westfalen.

Mit dem Segen des Papstes

Ich dusche im Hotel und gehe zum Dom. Dort findet am Abend die Ökumenische Vesper statt. Als der Papst in feierlicher Prozession von St. Ulrich zum Domportal zieht, grüßt und segnet er die Menschen am Straßenrand. Vor unserer Moderationstribüne blickt er zu uns herauf, hält kurz inne und segnet auch uns.

Die leuchtend roten Halstücher mit dem Aufdruck »Benedikt XVI. – Regensburg 2006« sind ein Erkennungszeichen mit Erinnerungswert für alle, die an diesem großen Tag mit dabei gewesen sind.

BENEDIKT XVI.
2006

H3
G3

Der große Tag bricht an: Die Sonne geht über dem Islinger Feld auf und hüllt Menschen und Natur in ein sanftes Strahlen.

»Ein Geschenk des Himmels«

An seinem privaten Tag weiht der Heilige Vater die »Benediktorgel« im Stift »Unserer Lieben Frau zur Alten Kapelle«.

Vier Tage ist Papst Benedikt XVI. nun schon zu Hause. München, Altötting, Regensburg: Überall waren es große Auftritte. Der volle Terminplan gestattete ihm kaum ein paar Minuten der Ruhe. An diesem Mittwoch gibt es nun endlich die ganz private Rückkehr des Heiligen Vaters. Zusammen mit seinem Bruder Georg kann er sich endlich einmal zu einem ruhigen Gespräch zurückziehen. Nur ein einziger Auftritt steht an diesem Tag an, der allerdings ist für den Heiligen Vater ein persönliches Vergnügen.

Gegen elf Uhr soll der Papst nämlich die renovierte »Benediktorgel« in der Stiftskirche »Unserer Lieben Frau zur Alten Kapelle« weihen. Entspannt spaziert der Heilige Vater mit seinem Bruder gegen 10.50 Uhr durch die Innenstadt zur Alten Kapelle. Die legere Ankunft ist so nicht geplant und verdeutlicht zusammen mit der Abwesenheit von Zeremonienmeister Marini und Kardinalstaatssekretär Sodano: Das heute ist wirklich ein privater Tag.

Nach der Begrüßung durch das Stiftskapitel zeigt sich der Heilige Vater den Menschen. Hände schütteln, freundliches Scherzen und sympathisches Augenzwinkern – der Heilige Vater gewinnt die Gläubigen inzwischen im Handumdrehen. Familie Ziegler aus Schwandorf wird diesen Tag

Linke Seite: Die »Benediktorgel« mit ihren 2448 Pfeifen wurde mit viel Aufwand renoviert und gehört nun zu den Schmuckstücken der Alten Kapelle.

besonders in Erinnerung behalten. Der Papst hat den vier Monate alten Anton Ziegler auf die Stirn geküsst. Alexander, Andrea und Andreas Ziegler können es auch Stunden danach nicht fassen: »Das wird nicht nur Anton Kraft geben. Uns allen ist eine große Gnade widerfahren.«
Danach geht es in die Kapelle. Wobei die »Kapelle« eine der schönsten Kirchen der Welt ist, man nennt sie auch den »Lateran jenseits der Alpen«. Neben herrlichen Fresken und dem Gnadenbild zieren sie nun die 2448 Pfeifen der aufwendig restaurierten »Benediktorgel«. Die Peter-Kaiser-Stiftung aus Liechtenstein hat dies mit über 700 000 Euro erst ermöglicht, ihr Treuhänder Herbert Batliner erklärt: »Die Orgel ist wie ein Geschenk des Himmels.«
Zuvor hatte Stiftsdekan Hubert Schöner überglücklich gerufen: »Das ist ein Tag, den der Herr gemacht hat.« Benedikt XVI. selbst lässt keine Zweifel an seiner Hochschätzung der Kirchenmusik. Sie sei kein Zierrat, sondern wichtiger Bestandteil der Verkündigung. »Die Orgel dient der Verherrlichung Gottes«, sagt der Papst.
Als Organist Prof. Dr. Norbert Düchtel zu spielen beginnt, spürt jeder, warum. Der mächtige Klang von Bachs »Toccata und Fuge«, ursprünglich geschrieben als »Orgeltest«, erfüllt das ganze Kirchenschiff, er ist herrlich. Andächtig lauscht der Heilige Vater. Zuvor sagte er noch in seiner Ansprache: »Allein die Orgel kann alle Bereiche des menschlichen Seins zum Klingen bringen.« Die neue Orgel seines Namens kann das, für alle hörbar, besonders gut.

Oben links: In sich gekehrt lauscht Georg Ratzinger den Worten seines Bruders.

Oben rechts: Neben dem Orgelspiel umrahmten der Chor und die Musiker der Alten Kapelle die Feier.

Links: Der Heilige Vater ist ein großer Freund kirchlicher Orgelmusik; deswegen freut er sich über diese Weihe ganz besonders.

Der Papst und sein Bruder

Gemeinsam wuchsen sie auf, gemeinsam entschlossen sie sich als junge Männer, in den Dienst der Kirche zu treten. Joseph Ratzinger und sein drei Jahre älterer Bruder Georg fühlen sich bis heute eng verbunden und hatten geplant, ihren Lebensabend zusammen zu verbringen.

Im Juni 1951 wurden Joseph Ratzinger, damals 24 Jahre alt, und sein großer Bruder Georg in Freising zu Priestern geweiht. Ein Foto zeigt die Brüder beim gemeinsamen Erteilen des Primizsegens – und die Gemeinsamkeiten sollten bleiben. Bis heute stehen die beiden Männer in engem Kontakt und sehen sich, so oft es eben geht. So ist auch ein ganzer Tag während des Papstbesuchs dem Treffen mit dem Bruder gewidmet.

Sie teilen die Erinnerung an eine einfache, aber glückliche Kindheit. Der Vater war Gendarm der bayerischen Landpolizei, die Mutter gelernte Köchin. 1922 wurde die Schwester Maria geboren, 1924 Georg, schließlich 1927 Joseph als Jüngster.

Schwierige Jahre – gemeinsame Pläne

Eng miteinander verbunden, wachsen die Brüder gemeinsam auf. Sie werden beide Ministranten, folgen beide nur widerwillig den Zwängen der nationalsozialistischen Diktatur, finden sich nach Kriegsende voller Freude wieder. Auch die Neigung, ihr Leben ganz in den kirchlichen Dienst zu stellen, wird bei beiden sichtbar. Georg hat schon früh den Berufswunsch »Domkapellmeister« geäußert, während für Joseph bald der Weg zum Priester vorgezeichnet ist. Die Primiz feiern sie noch gemeinsam, danach trennen sich ihre Wege.

Nicht als ob wir von uns selbst aus etwas vermöchten, sondern unsere Fähigkeit kommt von Gott. 2. Kor. 3,5

Aus seiner Fülle haben wir alle empfangen Gnade über Gnade. Joh. 1,16

Durch Gottes Gnade am

Weihe- und Primizaltar

Freising 29. Juni

1951

Traunstein 8. Juli

Joseph Ratzinger

Georg Ratzinger

Die beiden Brüder wurden am 29. Juni 1951 in Freising zum Priester geweiht. Gut eine Woche später, am 8. Juli 1951, fand die Primizfeier in Traunstein statt.

Bereits im Jahr 1952 gab Joseph Ratzinger Religionsunterricht. Einer seiner Schülerinnen von der Münchner Geblerschule in Bogenhausen schrieb er damals ins Poesiealbum: »Ohne die Tapferkeit des Herzens, die den Mut hat, unerschütterlich den Geistern der Zeit und der Masse zu trotzen, können wir den Weg zu Gott und den wahren Weg unseres Lebens nicht finden.«

Getrennte Wege

Joseph Ratzinger wird Dozent in Freising, später Professor in Bonn, Münster, Tübingen und Regensburg. 1977 beruft ihn Papst Paul VI. zum Erzbischof von München und Freising, noch im selben Jahr zum Kardinal. 1978 nimmt er am Konklave teil, das den polnischen Kardinal Karol Wojtyla zum Papst wählt. 1981 beruft Johannes Paul II. ihn zum Präfekten der Glaubenskongregation. Von nun an lebt und arbeitet Kardinal Ratzinger in Rom. Seinem Rücktrittsgesuch 2002 – aus gesundheitlichen Gründen – wird nicht entsprochen. Der Ruhestand muss noch ein Weilchen warten, sagen sich die Brüder. Keiner von ihnen ahnt, dass es keinen »Ruhestand« geben wird.

Georg Ratzinger, der schon als 11-Jähriger die Orgel gespielt hat, studiert nach der Priesterweihe Kirchenmusik in München und ist an verschiedenen Orten als Priester tätig. 1957 schließt er den Meisterkurs ab und wird Chordirektor in Traunstein.

Als er am 1. Februar 1964 Domkapellmeister am Regensburger Dom wird, ist ein Lebenstraum wahr geworden. 30 Jahre wird er diese Tätigkeit weiterführen. Unter seiner Leitung spielen die Regensburger Domspatzen zahlreiche große Chorwerke ein und entfalten eine rege Konzerttätigkeit, die sie weltberühmt macht. Auch als Komponist und Arrangeur macht sich Georg Ratzinger einen Namen.

Linke Seite: Papst Benedikt XVI. betet zusammen mit seinem Bruder Georg am Grab der Eltern und der Schwester.

Immer in Verbindung

Die Verbindung der beiden Brüder bleibt eng und herzlich, Briefe gehen hin und her, es wird oft telefoniert. Gemeinsame Urlaube sind für beide eine große Freude. Nur eines haben sie nie getan: sich gegenseitig die Beichte abgenommen.

Der Plan, den Lebensabend gemeinsam in der bayerischen Heimat zu verbringen, wird nach der Papstwahl vom 19. April 2005 begraben. Von Bedauern will Georg Ratzinger nicht sprechen: »Es war der Wille Gottes«, sagt er.

Private Stunden daheim in Pentling

Auf diesen Tag hat der Papst gewartet: Ohne großes Programm und Protokoll besucht Benedikt XVI. sein Haus in Pentling und das Grab seiner Eltern.

Das also ist der private Tag, den sich der Papst so sehr gewünscht hat. Gleich am Morgen sorgte er für Verblüffung und Verspätung, als er seinen Bruder Georg aus der Regensburger Luzengasse abgeholt hatte. Die letzten Meter zur Alten Kapelle, zur Weihe der restaurierten »Benediktorgel«, gingen sie dann zu Fuß.
So kehren sie anschließend auch zurück zu einem Mittagessen in der Wohnung des Bruders. Dann geht es mit dem Auto nach Pentling, dem Regensburger Vorort, in dem sich Joseph Ratzinger 1970 zu Beginn seiner Professorentätigkeit ein Haus gebaut hat. Eingerichtet sei das Haus schlicht und gemütlich mit Möbeln der Siebzigerjahre, wird man später erfahren.
Wieder strebt der berühmteste Bewohner des Ortes, der hier immer noch gemeldet ist, sofort auf die wartende Menge zu. Diesmal aber ist etwas Besonderes: 90 Gäste haben Zutritt zum Grundstück der Ratzingers bekommen, viele sind Nachbarn. Benedikt XVI. unterhält sich lange mit ihnen, freut sich, bekannte Gesichter zu sehen.
Über eines freut er sich ganz besonders: das seines Nachbarn und »Hausmeisters« Rupert Hofbauer, der sich seit Jahrzehnten um das Anwesen kümmert und auch die vielfältigen Verschönerungsarbeiten im Vorfeld des Besuchs beaufsichtigt hat.
Mitten am Nachmittag besucht der Papst mit seinem Gefolge auf dem Ziegetsdorfer Friedhof das Grab seiner Eltern und seiner Schwester Maria, die bis zu ihrem Tod 1991 den Haushalt ihres be-

Links: Auf dem Ziegetsdorfer Friedhof befindet sich das Familiengrab der Ratzingers.

Mitte: Die Pentlinger haben sich ganz besonders viel Mühe gemacht, Papst Benedikt XVI. in seinem Heimatort, wo er immer noch seinen offiziellen Wohnsitz hat, willkommen zu heißen.

Unten: Zu seinen Nachbarn hat der Heilige Vater auch heute noch ein vertrautes Verhältnis.

rühmten Bruders führte. Im Anschluss daran ziehen sich der Heilige Vater und sein Bruder endlich in ihr »Häusl« zurück, einige wenige Stunden lang, die ihnen für das Private bleiben. Als es dann dunkel geworden ist, fährt die Fahrzeugkolonne mit dem Papst zurück ins Priesterseminar St. Wolfgang. Viele Pentlinger, die Nachbarn vor allem, sind ergriffen, manche aber auch enttäuscht: 1000 Gäste der Freiwilligen Feuerwehr hatten gehofft, Benedikt XVI. würde spontan vorbeikommen und den neuen Anbau des Gerätehauses weihen. So viel Spontanität erlaubt das Protokoll dann leider doch nicht.

Linke Seite: Der Heilige Vater wird bei seinem privaten Besuch auf dem Ziegetsdorfer Friedhof nicht nur von seinem Bruder Georg begleitet.

Von Regensburg nach Freising

von Martin Posselt

9.00 Uhr

Heute klingelt der Wecker rechtzeitig. Und ich kann zu Fuß über die Steinerne Brücke zu unserem Moderatorenpodest am Dom spazieren. Und der Sendebeginn vermittelt fast ein Gefühl von Normalität: Neun Uhr.

Unvorhergesehene Verzögerung

Man merkt, dass dieser Tag sich von den vorangegangenen unterscheidet. Es ist der Privattag des Papstes. Dennoch gibt es auch heute öffentliche Auftritte, zum Beispiel die Weihe der restaurierten »Benediktorgel«. Wir zeigen, wie der Papst sein Quartier verlässt. Wenige Minuten später müsste das Fahrzeug an der Alten Kapelle ankommen. Doch es taucht nicht auf. Unsere Reporterin droht zu »verhungern«.

Orgelgespräche

Die Regie schaltet zurück auf Peter Mezger und mich, die wir mit unseren Gästen – Abtprimas Notker Wolf, Pater von Gemmingen und Peter Seewald – inzwischen prächtig eingespielt sind. Trotzdem hat jedes Improvisieren Grenzen. Mit Orgeln beispielsweise kennt sich keiner von uns aus. Jetzt bräuchten wir Professor Hans Maier, der könnte jede Lücke mit seinem Orgelwissen füllen. Wir hangeln uns durch, stellen abenteuerliche musikwissenschaftliche Thesen auf.

Die Spaziergänger

Endlich taucht der Papst auf dem Monitor auf. Er spaziert mit seinem Bruder sichtlich entspannt in Richtung Alte Kapelle – aber nicht entlang der Straße, an der Tausende warten, sondern auf der rückwärtigen Seite der Kirche. Mir geht ein Licht auf: Benedikt XVI. ist zuerst zu seinem Bruder in die Luzengasse gefahren und hat ihn dort abgeholt.

Fixe Kameraleute

Durch reinen Zufall steht einer unserer Kameramänner an dieser Ecke und erfasst blitzschnell die Situation. So können wir zeigen, wie der Papst ankommt und vor der Zeremonie auf die wartenden Menschen zugeht.

Unschlagbar

Abends zieht unser Tross weiter nach Freising, der letzten Station der Reise. Im Hotel stößt Hans Maier zu uns. Jetzt sind wir orgelfachlich nicht mehr zu schlagen.

Die Alte Kapelle, die Heimat der »Benediktorgel«, zählt zu den schönsten Rokkokokirchen der Welt. Manche nennen sie auch den »Lateran jenseits der Alpen«. Die restaurierte Orgel fügt sich in die prachtvolle Umgebung harmonisch ein.

13. September 2006

Wo alles begann – Besuch in Freising

In Freising fährt der Papst das letzte Mal durch Straßenzüge voll jubelnder Menschen und kommt an den Ort seiner Priesterweihe zurück.

Es ist eine ruhige Ankunft, die Papst Benedikt XVI. an diesem Donnerstagvormittag erlebt: Natürlich säumen auch in Freising wieder jubelnde Gläubige die Wege, fast 50 000 sind gekommen. Und dennoch: Als der Heilige Vater bei erneut strahlendem Spätsommerwetter am Domplatz ankommt, applaudieren höchstens 300 Menschen – man hatte aus Sicherheitsgründen nicht mehr Zuschauer zugelassen. Wie muss es Papst Benedikt XVI. zumute sein, als er kurz nach zehn Uhr zu seiner letzten Fahrt im Papamobil aufbricht? Die Rückkehr des Heiligen Vaters zum Korbiniansschrein ist weit mehr als ein Besuch in der Stadt, wo Benedikt XVI. das Priesterseminar besuchte. Im Dom zu Freising empfing er am 29. Juni 1951 die Priesterweihe. Regionalpfarrer Michael Bartmann versucht zu erklären, was das bedeutet: »Bei der Weihe tritt man in den Dienst Gottes – der Ort, an dem man diese Verpflichtung eingeht, ist immer etwas Besonderes.«
Timo Koch wird die Begegnung auf dem Domplatz ebenfalls nie vergessen. Der Freisinger darf mit der Kolpingfahne den Papst begrüßen, die »große Ehre« hat Koch

Linke Seite: Fast 50 000 Gläubige säumen in freudiger Erwartung bei spätsommerlichen Temperaturen die Straßen der Freisinger Innenstadt, um Papst Benedikt XVI. zu begrüßen.

Oben: Die Freisinger Mariensäule erstrahlt in festlichem Glanz.

Rechts: Fast schon Geschichte …

schon eine Stunde zuvor immer wieder unruhig auf seine Uhr blicken lassen: Wann endlich kommt der Papst?
Koch muss noch bis 10.45 Uhr warten, freudige Glockenklänge erfüllen den herausgeputzten Domplatz schon seit mehr als 30 Minuten. Papst Benedikt steigt aus, grüßt, lächelt – und verschwindet sofort wieder. Zehn Minuten braucht er im Kardinal-Döpfner-Haus, um sich für die Liturgie umzuziehen, er ist leicht verspätet. Es ist schon kurz vor elf Uhr, als sich Benedikt XVI. in das Goldene Buch der Stadt Freising einträgt und von Oberbürgermeister Dieter Thalhammer sowie Landrat Manfred Pointer Geschenke in Empfang nimmt.
Danach begibt sich der Heilige Vater in den Dom, der letzte Auftritt vor seiner Heimkehr beginnt. Hier hat Papst Benedikt XVI. vor über 50 Jahren sein Leben Gott geweiht – hier hat sein Weg vom Priester zum umjubelten Statthalter Jesu Christi begonnen.

Rechts: Der Heilige Vater trägt sich auch in Freising, wie zuvor schon in einigen anderen Städten, in das Goldene Buch ein.

»Man sieht heute, dass wir noch da sind!«

Mit einer frei gehaltenen Predigt vor Priestern und Diakonen verabschiedet sich Papst Benedikt XVI. im Freisinger Dom.

Es ist der sechste Tag des Besuchs von Papst Benedikt XVI., und man erlebt, dass sich die Gesten und Gefühlsbezeugungen immer noch steigern lassen.

Als der Erzbischof von München und Freising, Friedrich Kardinal Wetter, den Heiligen Vater im Mariendom auch im Namen der Freisinger Bürger begrüßt, klatschen die Teilnehmer der Begegnung lange und ausgiebig. Es hätte nicht viel gefehlt, und der Applaus wäre in rhythmisches Klatschen übergegangen. Kurz darauf erwähnt der Kardinal den Mariendom, der nach der Renovierung pünktlich zum hohen Besuch »sein schönstes Festkleid« angelegt hat.

Der Heilige Vater lächelt glücklich, lässt seinen Blick durch den ganzen prächtigen Dom schweifen, in dem er mit seinem Bruder und 42 weiteren Diakonen 1951 zum Priester geweiht wurde und in dem er als Erzbischof selber Priester geweiht hatte. Wieder klatschen alle – auch der Papst. Dann geht Papst Benedikt XVI. zu seiner Ansprache ans Mikrofon. Voller Freude bedankt er sich für die Herzlichkeit und den tiefen Glauben, die er während des Besuchs in seinem Bayern erlebt hat. Er erinnert an seine eigene Priesterweihe, an Momente am

Schrein des heiligen Korbinian, des Bistumspatrons, er erinnert an seine Zeit als Erzbischof. Er spricht frei, seit einigen Minuten schon, in seinem Manuskript steht etwas ganz anderes, und dann sagt er diesen überraschenden Satz: »Ich habe auch heute eine große Predigt mitgebracht, aber ich möchte sie nicht vorlesen. Man kann sie ja auch gedruckt sehen, wenn man möchte.« Die Priester, Diakone und Gäste, die sich im Dom versammelt haben, lachen laut auf und klatschen begeistert. Dann predigt der Pontifex frei weiter, ermutigt die Priester, von denen er ganz genau weiß, dass sie seine Stärkung brauchen. Er weiß zum Beispiel von den Herausforderungen, die Pfarreiengemeinschaften mit sich bringen, und er spricht vom Priestermangel. »Aber man sieht heute, dass wir noch da sind!«, ruft er in den Dom. Das sind die Worte, die die Priester des Erzbistums hören wollen. Er appelliert an die Spiritualität und an die Gemeinschaft der Priester, um Frustrationen vorzubeugen und gestärkt zu bleiben. Gestärkt wirkt auch der Heilige Vater selbst, als er gelöst zu den Priestern spricht, denen er sich selbst zugehörig fühlt; jetzt, da mit diesen persönlichen Worten der Besuch zu Stationen seines Lebens in Bayern zu Ende geht.

Linke Seite: Im prächtigen Mariendom hält Papst Benedikt XVI. seine letzte Ansprache des Besuchs.

Oben links: Beim Hinausgehen aus dem Dom spricht der Heilige Vater noch einige persönliche Worte mit den anwesenden kirchlichen Mitarbeitern.

Oben rechts: Eine letzte Gelegenheit zum Händeschütteln, dann verlässt der Papst Freising Richtung Flughafen.

Mitte: Der Papst betet vor dem Korbiniansschrein.

»Auf Wiedersehen, so Gott es will!«

Um 13.07 Uhr an diesem Donnerstag endet der Besuch von Papst Benedikt XVI. in Bayern. Sechs bewegende Tage sind zu Ende. Und die Menschen in der Heimat des Heiligen Vaters hoffen auf eine baldige Wiederholung.

Es ist kaum zu zählen, wie oft an diesem Tag die Worte »Herzlichkeit«, »bewegend« und »Vergelt's Gott« fallen. Hier, auf dem Flughafen von München, beim emotionalen Abschied von Papst Benedikt XVI. gibt es kaum jemanden, der nicht beeindruckt wäre. So geht es auch dem bayerischen Ministerpräsidenten Edmund Stoiber, der den Heiligen Vater mit weißblauen Worten verabschiedet: »Seit Sie hier sind, strahlt die Sonne mit den Menschen in Bayern um die Wette«, sagt er, und: »Ein schöneres Geschenk als dieses offene und herzliche Bekenntnis zu Ihren bayerischen Wurzeln hätten Sie den Bürgerinnen und Bürgern dieses Landes nicht machen können.« Dem bayerischen Papst versichert der sichtlich stolze Landesvater: »Das christliche Menschenbild und das christlich-abendländische Wertefundament sind in Bayern nach wie vor fest verankert.«

Das hat der Heilige Vater in den zurückliegenden Tagen deutlich spüren können. In seiner kurzen Abschiedsrede sagt er: »Unauslöschlich trage ich in meinem Herzen den bewegenden Eindruck, den die Begeisterung und die starke Religiosität der großen Massen von Gläubigen in mir ausgelöst hat.« In diesen »intensiven Tagen« habe er viele Ereig-

Linke Seite: Ein letztes Mal grüßt Papst Benedikt XVI. von der Gangway die Menge, die zu seiner Verabschiedung zum Flughafen im Erdinger Moos gekommen ist.

nisse der Vergangenheit neu erleben können, und er sei »nach Deutschland gekommen, um meinen Landsleuten die ewigen Wahrheiten des Evangeliums erneut nahezubringen und die Gläubigen zu stärken«. Seine Rede beendet der Papst mit der ersten Strophe der Bayern-Hymne. Auch die letzten Minuten bleiben bayerisch-traditionell: Mehrere Kapellen des bayerischen Marschmusikverbandes spielen Zünftiges, Kinder in Tracht überreichen Blumen, dann singt und jodelt für ihn noch der Tölzer Knabenchor. Es verabschiedet den Papst das fast vollständig versammelte bayerische Kabinett, die bayerischen Bischöfe und Ehrengäste, unter ihnen die Präsidentin des Zentralrats der Juden, Charlotte Knobloch. Zuletzt drückt der Heilige Vater seinem Bruder Georg, der ebenfalls ans Rollfeld gekommen ist, fest den Oberarm und besteigt die Lufthansa-Maschine »Regensburg«, in der ihn der Pilot Martin Ott bereits vom Weltjugendtag 2005 in Köln nach Rom zurückgeflogen hat. Auch diesmal wird die Maschine über Bayern kreisen, zunächst die Stationen seiner Reise überfliegen, anschließend Aschau, Tittmoning und Traunstein.

Oben: Auch zum Abschied gibt es noch einmal Blumen von den Kindern für den Heiligen Vater.

Mitte: Ministerpräsident Edmund Stoiber begleitet den Papst bis zum Einsteigen ins Flugzeug.

Unten: Ein letztes Winken aus dem Fenster – dann ist der Heimatbesuch von Benedikt XVI. zu Ende.

Um 13.07 Uhr hebt die »Regensburg« ab. Sechs bewegende Tage sind vorüber. Papst Benedikt XVI. kehrt aus Bayern zurück in den Vatikan.

Und es gibt kaum jemanden, der sich nicht das wünscht, was der bayerische Papst zum Abschluss gesagt hat: »Auf Wiedersehen, so Gott es will!«

Vom Freisinger Dom zum Flughafen München

von Martin Posselt

9.00 Uhr

Der letzte Tag der Reise. Noch einmal beginnen wir um neun Uhr, live zu senden. Auf den Gesichtern der Kollegen liegt Zufriedenheit und Erleichterung. Bisher hat alles hervorragend geklappt, die Zuschauer haben unseren Einsatz mit Traumquoten honoriert. Das gilt für das Bayerische Fernsehen und ebenso für die ARD-Sondersendungen, die BR-Chefredakteur Sigmund Gottlieb moderiert.

Die letzte Predigt

Unsere Technik hat ein großes Podium aufgebaut, das zuerst von unserem ARD-Team genutzt wird. Während der Papst im Freisinger Dom die Priester seines Heimatbistums trifft, wechselt Sigmund Gottlieb zum Flughafen. Wir sollen danach das Podium übernehmen. Benedikt XVI. hält seine Predigt frei; man spürt die Freude und Dankbarkeit, die ihn am Ende seines Besuchs erfüllen. Ich höre konzentriert zu, denn die Predigt unterscheidet sich durch manchen persönlichen Akzent vom Text, der uns vorliegt.

Technische Probleme

Plötzlich brechen Ton und Bild ab. Der Aufnahmeleiter berichtet, dass es technische Probleme im Ü-Wagen gäbe. Wir müssen zurück zu dem kleinen Podest, das am Vorabend noch rasch gezimmert wurde, weil wir früher als geplant auf Sendung gegangen sind. Jetzt sind wir froh, dass wir es haben. Die Kollegen dort, die schon am Einpacken waren, versuchen, das Set so rasch wie möglich einsatzfähig zu machen.

Im Blindflug

Ich leide, weil ich nichts hören kann und fürchte, wichtige Teile der Predigt zu verpassen. Im letzten Augenblick sind wir wieder sendebereit. Ohne Moderationstisch, ohne Lautsprecher, ohne schützendes Dach stehen wir in der Sonne. Ausgerechnet, als der Papst sich am Rollfeld verabschiedet, können wir in der gleißenden Helligkeit fast nichts auf unserem Monitor erkennen.

14.10 Uhr

Um 14.10 Uhr verabschieden wir uns von den Zuschauern. Sechs Tage lang durften wir Papst Benedikt beim Besuch in seiner Heimat begleiten. Sechs Tage lang lachte die Sonne über Bayern. Kaum zu glauben, aber wahr: Als wir die Kopfhörer und Mikrofone weglegen, ist der Himmel grau.

In seinem Wappen erinnern der Bär des heiligen Korbinian und der Freisinger Mohr an die Verbundenheit Papst Benedikts XVI. mit der Erzdiözese München-Freising.

14. September 2006

So haben die Menschen in Bayern Papst Benedikt XVI. während seiner gesamten Reise erlebt: entspannt, mit einem friedvollen Lächeln und immer aus voller Seele den Gläubigen zugewandt.

14. September 2006

Das war der Papst in Bayern

von Michael Mandlik

Römischer Flughafen Ciampino, 9. September 2006, 13.30 Uhr
Die Korrespondenten, Fotografen und Kameraleute, die den Papst bei seiner Reise nach Bayern begleiten dürfen, warten an Bord des Alitalia-Flugzeuges auf den Abflug. Plötzlich werden die vorderen Trennvorhänge des Fluggastraumes geöffnet, und Papst Benedikt XVI. steht unvermittelt vor den Journalisten. Aufregung, hektische Drängelei, Blitzlichtgewitter. Kameras und Mikrofone werden dem Papst entgegengestreckt. Schon steht die erste Frage im Raum. Der Papst lächelt. Er antwortet ruhig, konzentriert, mit klarer und deutlicher Stimme – wie er es immer tut. Die Frage, ob er sich auf seine Heimat freue, die hatte er in den Tagen zuvor schon mehrmals geduldig beantwortet. Als ich ihn aber frage, ob er nicht schon längst Heimweh nach seinem geliebten Bayern verspüre, da blitzt es in seinen Augen auf. Sein Bruder Georg hätte ihm bislang bei seinen Besuchen in Rom immer schon auch ein wenig Heimatgefühl mitgebracht, sagt er – und blickt strahlend in die Runde. Ein Strahlen ähnlich jenem, das die ganze Welt nach dem »Habemus Papam« auf der Loggia des römischen Petersdoms auf seinem Gesicht entdecken konnte. Kein Zweifel: Papst Benedikt freut sich nun ganz mächtig auf seine Heimat.

Am Ankunftsabend fährt der Papst im Papamobil durch die Münchner Innenstadt, vorbei an vielen jubelnden Menschen aus nah und fern.

Am selben Tag, Flughafen München, 15.30 Uhr

Wir Vatikankorrespondenten dürfen von einer prominenten Perspektive aus auf dem Rollfeld den würdevollen Empfang für Papst Benedikt beobachten. Auch die langjährigen italienischen Kollegen, die »vaticanisti« unter uns, sind schwer beeindruckt. Als der Papst bayerischen Boden betritt, als Vatikan-, Deutschland- und Bayern-Hymne erklingen und das Areal in weiß-blaue Farben getaucht ist, als Papst Benedikt während seiner Begrüßungsrede erfreut auf die vielen Trachtengruppen blickt, auf die zahlreichen Geistlichen und die stolzen Honoratioren, als der Begrüßungsjubel nicht abreißt und schließlich der Ehrensalut der Tegernseer Gebirgsschützen dreifach donnernd widerhallt unter dem strahlend blauen Himmel – spätestens da beginnen wohl die meisten zu verstehen. Der Papst selbst hatte mir einmal in einem Interview auf die Intensität seiner Heimatverbundenheit hin angesprochen – entsprechend geantwortet: »… das ist die Wurzel, aus der man lebt.«

Am selben Tag, München, Marienplatz

Viele scheinen die historische Dimension des Augenblicks erst jetzt richtig zu erfassen: Der Papst, der bayerische Papst, in München! Hier und jetzt! Benedikt XVI. betet im Zentrum der Landeshauptstadt, über ihm auf der Mariensäule die goldene Statue der Schutzfrau Bayerns. Und Zehntausende um ihn herum beten mit ihm. Da der Tross der »vaticanisti« dem Papst stets unmittelbar vorauseilt, können wir davor und danach aus dem fahrenden Bus die fröhlichen und erwartungsvollen Gesichter derjenigen sehen, die bereits stundenlang entlang der Fahrtrouten des Papstes ausgeharrt haben. Unabhängig und ausgelassen schwenken sie ihre weiß-blauen und gelb-weißen Fähnchen.

Oben: Einer der ersten Programmpunkte des Papstbesuches ist das Gebet an der Mariensäule im Herzen der Landeshauptstadt.

Sonntag, 10. September 2006

Als wir morgens mit dem vom Vatikan gecharterten Pressebus auf dem Freigelände der Neuen Messe München ankommen, da ist das riesige Gelände vor dem Altar schon dicht besetzt. Wir haben nicht mehr viel Zeit, unsere so genannten Poolpositionen, also die für uns vorgesehenen Beobachtungsplätze, einzunehmen, denn aus der Ferne dringen schon Jubelrufe durch. Gleich wird der Heilige Vater im Papamobil ankommen. Die vorgesehene Fahrtstrecke ist für Fußgänger gesperrt, alle paar Meter stehen Polizisten und andere Sicherheitskräfte. Ein kurzfristiges Überqueren für Passanten ist längst nicht mehr möglich. Wer seine Reporterposition noch nicht erreicht hat, der muss erst einmal bleiben,

Unten: Die mächtigen Türme des Liebfrauendoms grüßen festlich geschmückt unter einem strahlend blauen Spätsommerhimmel.

Sie warten auf ihren Auftritt: Die Regensburger Domspatzen haben den Heiligen Vater auch bei seinem Besuch in der Heimat musikalisch begleitet.

wo er ist, bis der Papst in seinem Fahrzeug am Altar angekommen ist. Doch die zeitweise Abriegelung erweist sich schnell als Glücksfall, der eine oder andere Vatikanjournalist wird von den umstehenden Menschen wegen der auffallenden »permessi«, den umgehängten Akkreditierungskarten mit dem Vatikanwappen darauf, schnell identifiziert. Und schon sprudelt sie nur so heraus und hinein in die Mikrofone, die Begeisterung der Anwesenden für ihren Papst Benedikt.

Montag, 11. September 2006, Altötting

Als der Hubschrauber mit Papst Benedikt an Bord nahe der berühmtesten bayerischen Wallfahrtsstätte zur Landung ansetzt, da haben sich die Gläubigen auf dem voll besetzten Kapellplatz im Zentrum Altöttings bereits seit Stunden mit Gebeten und Gesängen auf den hohen Besuch vorbereitet. Mich beeindruckt, wie konzentriert sie sind. Manche beten mit geschlossenen Augen, andere blicken auf die bereitgestellten Großbildschirme, während viele tausend Lippen tonlos wohl Fürbitten und Litaneien formen.
Papst Benedikt, begeistert empfangen, begibt sich sofort in die Gnadenkapelle des Heiligtums und kniet nieder vor der Schwarzen Madonna. Er ist jetzt ein einfacher Wallfahrer, wie all die anderen um ihn herum. Den Blick unablässig auf die Muttergottes und ihr Kind gerichtet, verharrt er lange in Stille. Und auch seine Lippen formen stumm Gebete. Es ist der Moment, der einen wenn nicht schon spüren, so doch wenigstens vermuten lässt, wie sehr dieser heilige Ort den jungen Joseph Ratzinger vor Jahrzehnten geprägt haben muss.

Am selben Tag, Marktl am Inn

Von diesem Besuch wird man in der Gemeinde wohl noch in tausend Jahren sprechen. Knappe 15 Minuten Besuchszeit waren vom päpstlichen Reisemarschall ursprünglich vorgesehen, schließlich blieb der Heilige Vater aber mehr als doppelt so lange. Ich konnte von einem kleinen Balkon aus beinahe das gesamte Ereignis mitverfolgen; so eben auch, dass Papst Benedikt die Bewohner Marktls ausgiebig und mit großer Herzlichkeit begrüßte. Dabei hat er, wie zuvor von ihm erzählt, gar keine großen Erinnerungen mehr an seinen Geburtsort. Um so mehr waren die Marktler ob so großer Zuwendung völlig aus dem Häusel.

Regensburg, 11. bis 14. September 2006

Für die beim Vatikan akkreditierten Korrespondenten wird der Papstaufenthalt in der Donaustadt den Schwerpunkt der Berichterstattung bilden: Die triumphale Begrüßung Benedikts durch die Regensburger, die Messe auf dem Islinger Feld, die wegweisende Vorlesung an der Universität, die Ökumenische Vesper, die zahlreichen übrigen Termine des Papstes. Benedikt XVI. legt in seiner Themensetzung ein atemberaubendes Tempo vor. Auch für die »vaticanisti« werden es lange Arbeitstage mit kurzen Nächten. Schnell wird jetzt klar, dass Papst Benedikt das Motto dieser Reise »Wer glaubt, ist nie allein« in pastoraler, wie aber eben auch in weltkirchlicher und in weltpolitischer Hinsicht hin formuliert hat – als eine Einheit von Glaube, Vernunft und Gottvertrauen. Ein inhaltlicher Spannungsbogen, der sich schließlich am letzten Besuchspunkt der Reise verankern sollte.

Freising, 14. September 2006

Er sollte dort vor Priestern und ehemaligen Studienkollegen ein vorbereitetes Referat vortragen; dort, wo er vor Jahrzehnten selbst zusammen mit seinem Bruder Georg zum Priester geweiht worden war. Doch er spricht völlig frei im Dom zu Freising, ungezwungen und spontan, aber selbstverständlich dennoch mit der ihm eigenen rhetorischen Brillanz. Und wie schon zuvor begeistert er auch hier seine Zuhörer.

Bald darauf der Abschied von der Heimat am Flughafen München. Als die Lufthansa-Maschine nach sechs Tagen strahlend schönen Wetters mit dem Papst an Bord Richtung Süden dreht, kommen über den Nordalpen dichte und düstere Wolkenfelder auf, die uns auf der Flugroute bis nach Rom nicht mehr aus dem Griff lassen. Wir landen im Regen, danach blitzt und donnert es sogar. Auch Petrus will uns wohl signalisieren: Der Bayernbesuch Papst Benedikts XVI. ist nun endgültig vorbei. Geschichte. Schade.

Oben und unten: Noch ein letztes Mal flattern die fröhlichen Fahnen in den blauen Himmel. Der Abschied ist dennoch nicht ohne Wehmut. Eine bewegende Woche neigt sich dem Ende zu.

Zur Diskussion um die Regensburger Papstrede

von Michael Mandlik

Die heftigen Reaktionen aus der islamischen Welt, die in den Tagen nach der Abreise des Papstes aus Deutschland durch die internationalen Medien gingen, kamen für alle überraschend – zumindest für die Beobachter im Westen. Denn hier war man davon ausgegangen, dass Papst Benedikt mit seiner Vorlesung an der Universität von Regensburg einen bemerkenswerten Ansatz für den Ausbau des interreligiösen bzw. interkulturellen Dialoges geleistet hatte. Niemand hätte, nach genauer Lektüre des Vortrages, auch nur daran gedacht, dass ein Zitat eines byzantinischen Kaisers aus dem Mittelalter als persönliche Meinung des Papstes missverstanden werden würde. Leider war dem aber so, wie man heute weiß, und ob bewusst oder unbewusst, dies sei dahingestellt.
Denn hinzu kam, dass interessierte Kreise in islamisch dominierten Ländern die Gelegenheit offensiv und in radikaler Weise benutzten, um erneut den Hass gegen alles Westliche und damit auch gegen die römisch-katholische Kirche zu schüren.
Papst Benedikt hat in dieser schwierigen Lage das einzig Richtige getan: Er hat sofort reagiert und sich mehrfach, zuletzt in direkter Ansprache, um Klarstellung des Sachverhaltes bemüht. Tatsächlich erscheint es aus unserer westlich-aufgeklärten Sichtweise heraus nur schwer vorstellbar, dass dieser wissenschaftliche Text – vor allem, wenn man ihn wirklich vollständig gelesen hat – dann dennoch fehlgedeutet werden könnte. Immerhin meldeten sich kurz nach der persönlichen Erklärung des Papstes auch bekannte moslemische Stimmen, die nun ebenfalls für eine Beruhigung der Situation und vor allem für eine eingehende Prüfung des päpstlichen Vortrages plädierten. Sollte sich diese Einstellung in den islamisch geprägten Ländern verfestigen, so hätte Papst Benedikt, wenn auch mit Startverzögerung, einen großen Erfolg erzielt, der sich folgendermaßen beschreiben ließe:
Seine Abhandlung würde in moslemischen Gebetshäusern und Moscheen studiert und vielleicht sogar diskutiert. Eine erhebliche Ausweitung des interkulturellen Dialoges – das wäre die positive Entwicklung. Noch allerdings ist nicht abzusehen, ob die radikal-islamistischen Kräfte den hoffnungsvollen Ansatz jenes dringend notwendigen Dialogs zwischen Orient und Okzident nicht doch gleich im Keim ersticken werden. Der brutale Mord an einer italienischen Nonne, brennende christliche Kirchen im Westjordanland wie auch ein insgesamt bedrohlicher werdendes Szenario für die Christen in manchen Teilen des Nahen und Mittleren Orients müssen zu ernster Sorge Anlass geben.
So bestätigt sich aber wiederum, wie dringend dem gedanklichen Ansatz Papst Benedikts entsprechend die Diskussion über Glaube, Vernunft und Gewalt in einem offenen und ehrlichen interreligiösen Dialog geführt werden muss.
Dabei wird vor allem auch der Westen gefordert sein. Denn die »Schwerhörigkeit«, die der Papst den europäischen wie wohl auch amerikanischen Gesellschaften in Glaubensdingen attestiert hat, sie muss erst überwunden werden.
Wer das Leben auf diesem Planeten lediglich einer mathematisch-empirischen Rationalität unterordnet und die technische Funktionalität als allein gültigen Maßstab akzeptiert, der wird es schwer haben, sich mit denen zu verständigen, die das Göttliche im Alltag als Selbstverständlichkeit begreifen.

Über dieses Buch

Der Herausgeber

Prof. Dr. Gerhard Fuchs, geboren 1947, Studium der Volkswirtschaft und Publizistik in München, 1976 Promotion. »Tagesthemen«- und »ARD-Presseclub«-Moderator. Erster Chefredakteur ARD aktuell (Tagesschau, Tagesthemen). Ab 1995 Fernsehdirektor des BR, Koordinator ARD-Familienprogramm. Rektor der Hochschule für Fernsehen und Film München, Komtur des Päpstlichen St. Silvesterordens.

Die Autoren

Dr. Urs Buhlmann, geboren 1961 in Duisburg, studierte Geschichte und Internationales Recht in Tübingen, Bonn und London und arbeitete mehrere Jahre als Journalist und Pressesprecher. 1999 begann er in Augsburg das Studium der Theologie, 2004 wurde er in Aachen zum Priester geweiht. Dort ist er heute als Kaplan tätig. Seit 1998 ist er freier Mitarbeiter beim Bayerischen Rundfunk.

André Lorenz, geboren 1967, ist Gründer der katholischen Redaktionsagentur lorenzspringer medien. Er ist Chefredakteur des Jugendmagazins x-mag und verantwortete für die Verlagsgruppe Weltbild mehrere Zeitschriften, unter anderem Sonderhefte zum Tod von Papst Johannes Paul II. und zur Wahl von Benedikt XVI. Die Texte zum Heimatbesuch des Papstes verfasste er gemeinsam mit Simon Biallowons.

Michael Mandlik studierte in München Journalistik und besuchte die Deutsche Journalistenschule. Nach dem Abschluss 1984 arbeitete er für das Bayerische Fernsehen in der aktuellen Berichterstattung. Von 1994 bis 2005 war er Leiter des ARD-Studios Rom und begleitete für das Erste Deutsche Fernsehen Joseph Ratzingers Wahl zum Papst. Heute ist er als ARD-Sonderkorrespondent für den Vatikan zuständig.

Dr. Martin Posselt ist Journalist und Historiker. Er studierte Geschichte, Kunstgeschichte und Philosophie in Graz und Genf und promovierte zum Dr. phil. Seit 1995 ist er Mitglied der Redaktion Kirche und Welt des Bayerischen Rundfunks. Posselt ist erfolgreicher Buchautor und ausgewiesener Papstkenner.

Die Fotografen

Daniel Biskup, geboren 1962, gilt als einer der renommiertesten Porträt- und Reportagefotografen Deutschlands. Seine Fotos erscheinen in den wichtigsten Zeitungen und Zeitschriften des Landes. Zuletzt veröffentlichte er das Buch *Private Bilder* mit 100 Porträts von Prominenten von Nadja Auermann bis Angela Merkel.

Hans-Günther Kaufmann, 1943 in Frankreich geboren, arbeitete seit seinem 18. Lebensjahr erfolgreich als Mode- und Werbefotograf. Eine Lebenskrise und die Freundschaft mit Abt Odilo Lechner lösten einen Wandel seiner Interessen aus. Seither versucht er, mit dem Medium der Fotografie die Grundlagen christlicher Werte zu vermitteln.

Danke

Viele Menschen haben im Hintergrund gearbeitet, damit dieses Buch entstand: Christian Hutter sorgte für den Transport von Fotograf und Material. Jan Zimmermann stellte die Verbindung zwischen BR und Verlag sicher. Die Mitarbeiter der Firmen Wöhrl Digitalservice und prepress media lieferten druckfertige Fotos. Ulrike Kreutzer-Schertler und die Kolleginnen in der BR-Pressestelle waren unentbehrlich bei der Suche nach seltenen Bildern. Monika Müller sorgte als Korrekturleserin für gute Textqualität. Martina Weber half zuverlässig bei technischen Problemen. Beate Sewald und Martina Wingenfeld assistierten der Redaktion. GF-Catering war stets darum besorgt, dass Leib und Seele zusammengehalten wurden. Ohne ihre Hilfe wäre dieses Buch nicht zustande gekommen. Verlag und Redaktion bedanken sich von ganzem Herzen.

Bildnachweis

Vorsatz: Hans-Günther Kaufmann; 1: Giuseppe Cacace/Getty Images; 2: BR; 3: Daniel Biskup; 4/5: Daniel Biskup; 6/7: Daniel Biskup; 8/9: Daniel Biskup; 10: BR; 11: Hans-Günther Kaufmann; 12: Hans-Günther Kaufmann; 13: Hans-Günther Kaufmann; 14: Hans-Günther Kaufmann; 15: Hans-Günther Kaufmann; 16/17: Hans-Günther Kaufmann; 18/19: Hans-Günther Kaufmann; 20: Daniel Biskup; 21: Daniel Biskup; 22: Daniel Biskup; 23: Daniel Biskup; 24: Daniel Biskup; 25: Daniel Biskup; 26: Daniel Biskup; 27: Daniel Biskup; 28: Daniel Biskup; 29: Daniel Biskup; 30: Daniel Biskup; 31: Daniel Biskup; 32: Hans-Günther Kaufmann; 33: Sammy Minkoff; 35: Hans-Günther Kaufmann; 36/37: Hans-Günther Kaufmann; 38: Daniel Biskup; 39: Daniel Biskup; 40: Daniel Biskup; 41: Daniel Biskup; 42: Daniel Biskup; 43: Daniel Biskup; 44: Daniel Biskup; 45: Daniel Biskup; 46: Daniel Biskup; 47: Daniel Biskup; 48: Daniel Biskup; 49: Daniel Biskup; 50: Daniel Biskup; 51: Daniel Biskup; 52: Daniel Biskup; 53: Daniel Biskup; 54: Daniel Biskup; 55: Daniel Biskup; 57: Hans-Günther Kaufmann; 58/59: Hans-Günther Kaufmann; 60: Daniel Biskup; 61: Daniel Biskup; 62: Daniel Biskup; 63: Daniel Biskup; 64: Daniel Biskup; 65: Daniel Biskup; 66: Daniel Biskup; 67: Daniel Biskup; 68: Daniel Biskup; 69: Daniel Biskup; 70: Daniel Biskup; 71: Daniel Biskup; 72: Daniel Biskup; 73: o.l. Daniel Biskup, Mitte l. & r. Daniel Biskup, u. Hans-Günther Kaufmann; 74: Daniel Biskup; 75: Daniel Biskup; 77: Hans-Günther Kaufmann; 78/79: Hans-Günther Kaufmann; 80: Hans-Günther Kaufmann; 81: Daniel Biskup; 82: Daniel Biskup; 83: Daniel Biskup; 84: Daniel Biskup; 85: Daniel Biskup; 86: Daniel Biskup; 87: Daniel Biskup; 88: Daniel Biskup; 89: Daniel Biskup; 90–93: BR/Foto Sessner; 95: Hans-Günther Kaufmann; 96/97: Hans-Günther Kaufmann; 98: Daniel Biskup; 99: Daniel Biskup; 100: Daniel Biskup; 101: privat; 102: Daniel Biskup; 103: Daniel Biskup; 105: Daniel Biskup; 106: Daniel Biskup; 107: Daniel Biskup, o.l., Benjamin Kaufmann, o.r., u.; 108: Daniel Biskup; 109: Daniel Biskup; 110: Daniel Biskup; 111: Daniel Biskup; 113: Hans-Günther Kaufmann; 114/115: Hans-Günther Kaufmann; 116-118: Daniel Biskup; 120/V: Hans-Günther Kaufmann; VI: Hans-Günther Kaufmann

Weltbild Buchverlag
–Originalausgaben–

Steinerne Furt 67, 86167 Augsburg
2. Auflage 2006

Projektleitung: Dr. Ulrike Strerath-Bolz
Redaktion: Claudia Krader
Umschlaggestaltung und Layout:
X-Design, München
Umschlagabbildungen: Giuseppe Cacace/Getty Images (l.), Brigitte Protzel/Mauritius (r. o.), Heiner Heine, Kastl (r. M.), Hubertus Blume/Mauritius (r. u.)
Satz: Lydia Koch, Augsburg
Druck und Bindung:
Mohn media Mohndruck GmbH, Gütersloh

Gedruckt auf chlorfrei gebleichtem Papier
Printed in Germany

ISBN 3-89897-504-5
978-89897-504-9

Mit seiner letzten Ansprache im Freisinger Dom wollte Papst Benedikt XVI. vor allem die Priester in ihrem Glauben stärken.